Beiträge zur Theorie der Außenwirtschaft

Von

Bruno Fritsch, Ernst Helmstädter
Hans-Joachim Jarchow, Klaus Rose, Egon Sohmen

Herausgegeben von Gottfried Bombach

VERLAG VON DUNCKER & HUMBLOT
BERLIN 1970

Schriften des Vereins für Socialpolitik
Gesellschaft für Wirtschafts- und Sozialwissenschaften
Neue Folge Band 56

SCHRIFTEN
DES VEREINS FÜR SOCIALPOLITIK

Gesellschaft für Wirtschafts- und Sozialwissenschaften
Neue Folge Band 56

Beiträge zur
Theorie der Außenwirtschaft

VERLAG VON DUNCKER & HUMBLOT
BERLIN 1970

Beiträge zur
Theorie der Außenwirtschaft

Von

Bruno Fritsch, Ernst Helmstädter
Hans-Joachim Jarchow, Klaus Rose, Egon Sohmen

Herausgegeben von Gottfried Bombach

VERLAG VON DUNCKER & HUMBLOT
BERLIN 1970

Alle Rechte vorbehalten

© 1970 Duncker & Humblot, Berlin 41
Gedruckt 1970 bei Berliner Buchdruckerei Union GmbH., Berlin 61
Printed in Germany

Vorwort des Herausgebers

Der Theoretische Ausschuß der Gesellschaft für Wirtschafts- und Sozialwissenschaften (Verein für Socialpolitik) behandelte auf verschiedenen Tagungen der letzten beiden Jahre die Außenwirtschaftstheorie und die Geldtheorie, Problemkreise, denen er sich bislang nur wenig gewidmet hat. Die Referate sollen in zwei getrennten Bänden publiziert werden.

Mit diesem Band werden Referate veröffentlicht, die auf Tagungen des Theoretischen Ausschusses im Oktober 1967 in Nagold, im April 1968 in Mainz und im Februar/März 1969 in Ludwigshafen gehalten wurden. Der Titel des Bandes wurde der Kürze halber gewählt, obgleich er nicht ganz treffend ist. Zum Teil steht eher die interne Wirtschaftspolitik zur Diskussion, wobei die Außenwirtschaftspolitik als ein Hauptinstrument betrachtet wird.

Wie üblich wurde darauf verzichtet, die Diskussionsvoten abzudrucken. Jedoch haben die Referenten bei der Überarbeitung der Beiträge die Auseinandersetzungen soweit wie möglich berücksichtigt. Eine Ausnahme ist der Beitrag von *E. Helmstädter*, der sich aus den Diskussionen in Nagold zu einem selbständigen Referat entwickelt hat. Die Beiträge zur Geldtheorie sollen zu Beginn des nächsten Jahres publiziert werden.

Basel, im September 1970

G. Bombach

Inhaltsverzeichnis

Heckscher-Ohlinsches Theorem und technischer Fortschritt
  Von *Klaus Rose*, Mainz 9

Der kombinierte Einsatz budget- und zinspolitischer Maßnahmen zur gleichzeitigen Erreichung binnen- und außenwirtschaftlicher Ziele
  Von *Hans-Joachim Jarchow*, Göttingen 35

Über die Anwendung des kreislauftheoretischen Instrumentariums — Bemerkungen zu einem Kreislaufmodell von H.-J. Jarchow —
  Von *Ernst Helmstädter*, Bonn 59

Zur Problematik von Zielkonflikten — Bemerkungen zu einem Beitrag von E. Helmstädter —
  Von *Hans-Joachim Jarchow*, Göttingen 67

Die Außenhandelsverkettung in einem linearen Zwei-Länder input-output Expansionsmodell
  Von *Bruno Fritsch*, Zürich 71

Ein Zollparadoxon: Importliberalisierung als Mittel zur Konjunkturbelebung
  Von *Egon Sohmen*, Heidelberg 79

Heckscher-Ohlinsches Theorem und technischer Fortschritt

Von *Klaus Rose*, Mainz

Die grundlegende Frage, warum ein Land bestimmte Güter exportiert und andere Waren importiert, wird in der güterwirtschaftlichen Theorie des Außenhandels gewöhnlich mit dem Hinweis auf Preis- bzw. Kostenunterschiede beantwortet. Schon mit dieser Antwort, wie sie in jedem Lehrbuch der Außenhandelstheorie zu finden ist, wird der Blickwinkel außerordentlich eingeengt, läßt sie doch andere Determinanten der Außenhandelsströme wie Werbung, Vertriebsanstrengungen, personelle Präferenzen usw., die auch bei international identischen Preisen Warenbewegungen induzieren, völlig außer acht. Fragt man nun weiter, welche Ursachen für diese Preisunterschiede verantwortlich sind, so erhält man seit den grundlegenden Arbeiten *Heckschers*[1] und *Ohlins*[2] die Antwort, daß die Länder in unterschiedlichem Ausmaß mit Produktionsfaktoren ausgestattet seien. Danach hat jedes Land einen Preisvorteil bei solchen Produkten, die den in diesem Land reichlich vorhandenen und deshalb billigen Faktor besonders stark beanspruchen, und es hat einen Preisnachteil bei jenen Gütern, zu deren Herstellung der im Inland knappe und somit teure Faktor in relativ starkem Maße herangezogen werden muß. Selbstverständlich wird durch eine solche Hypothese der Erklärungsbereich noch weiter eingeengt, denn betont man allein die Relevanz der Faktorproportionen, so übersieht man den wichtigen Tatbestand, daß Preisunterschiede auch durch Divergenzen in den Nachfragebedingungen, Produktionsfunktionen, Faktorqualitäten und Marktkonstellationen bedingt sein können[3].

Angesichts dieser einschränkenden Bedingungen war es im Grunde nicht erstaunlich, daß empirische Überprüfungen der *Heckscher-Ohlinschen* Theorie zu Resultaten führten, welche den Prognosen des Faktorproportionentheorems nicht entsprachen. So kam *Leontief*[4] zu

---

[1] E. *Heckscher*, The Effect of Foreign Trade on the Distribution of Income. „Ekonomisk Tidskrift", Bd. 21. (1919), wiederabgedr. in: Readings in the Theory of International Trade, London 1958.
[2] B. *Ohlin*, International and Interregional Trade, Cambridge/Mass. 1933.
[3] *Ohlin* hat auf die Bedeutung dieser Faktoren für den Außenhandel zwar hingewiesen, er war aber der Ansicht, daß unterschiedliche Faktorproportionen die entscheidende Ursache des Außenhandels sind.
[4] W. *Leontief*, Domestic Production and Foreign Trade. The American Capital Position Re-Examined, Proceedings of the American Philosophical Society, 1953, wiederabgedr. in: „Economia Internazionale", Bd. 7 (1954).

dem viel diskutiertem Ergebnis, daß die Vereinigten Staaten kapitalintensive Güter importieren und arbeitsintensive Güter exportieren. Diese These steht im klaren Gegensatz zum Faktorproportionentheorem, sofern man — was keineswegs unbestritten ist — akzeptiert, daß das Verhältnis von Kapital zu Arbeit in den USA größer als in der übrigen Welt ist, die Vereinigten Staaten also ein relativ kapitalreiches Land sind[5]. Es hat nun nicht an Versuchen gefehlt, diese Widersprüche aufzuklären und bestimmte Faktoren herauszustellen, welche für das Scheitern der *Heckscher-Ohlin*schen Theorie verantwortlich sind. In diesem Beitrag ist es allerdings nicht möglich, die Vielzahl der möglichen Erklärungsversuche vollständig darzustellen; ich werde mich vor allem darauf beschränken, die Bedeutung international divergierender Produktionsfunktionen für den Geltungsbereich des Faktorproportionentheorems zu untersuchen. Ergänzend wird die Bedeutung der Annahmen über die Nachfragebedingungen untersucht.

In einem Aufsatz, der in der Festschrift für Theodor *Wessels* erschienen ist[6], habe ich das *Heckscher-Ohlin*sche Theorem geometrisch dargestellt und gezeigt, bei Geltung welcher Prämissen dieses Theorem „logisch wahr" ist. Da die Überprüfung des Theorems seine genaue Kenntnis voraussetzt, sei es mir an dieser Stelle erlaubt, die in diesem Aufsatz abgeleiteten Ergebnisse kurz zu rekapitulieren und damit das Fundament für die folgenden Ausführungen zu bereiten.

I. Die Voraussetzungen des Heckscher-Ohlinschen Theorems

Dem Faktorproportionentheorem liegen folgende Annahmen zugrunde:
1. Unterstellt werden zwei Länder, Inland und Ausland, die zwei Güter, Nr. 1 und Nr. 2, mit Hilfe zweier, als homogen angenommener Produktionsfaktoren, Arbeit und Kapital, erzeugen.
2. Die Länder sind in unterschiedlichen Proportionen mit Produktionsfaktoren ausgestattet. Während im Inland das Kapital der „knappe" und die Arbeit der „reichlich vorhandene" Faktor ist, verfügt das Ausland über „reichlich" Kapital und „wenig" Arbeit. Diese etwas unscharfe Definition der Begriffe Knappheit und Überfluß bedarf allerdings der Präzisierung. Grundsätzlich ist es möglich, diese Begriffe physisch oder unter Verwendung der relativen Faktor-

---

[5] Dies wurde von *Leontief* bestritten. Er ist der Ansicht, daß die Arbeit in den USA als Folge besserer Ausbildung sehr viel effizienter als in der übrigen Welt ist. Mißt man daher die Arbeit unter Berücksichtigung von Effizienzunterschieden in Standardeinheiten, so sind die USA ein arbeitsreiches Land.
[6] K. *Rose*, Die Bedeutung der Faktorausstattung für die Struktur des Außenhandels, in: Theoretische und institutionelle Grundlagen der Wirtschaftspolitik, hrsg. von H. *Besters*, Berlin 1967, S. 299 ff.

preise zu definieren. Im physischen Sinne herrscht im Inland — verglichen mit dem Ausland — dann „Knappheit" an Kapital (K) und „Überfluß" an Arbeit (A), wenn die Bedingung $\frac{K_i}{A_i} < \frac{K_a}{A_a}$ erfüllt ist, wobei i und a Inland und Ausland bezeichnen. Stellt man die Definition dagegen auf die Faktorpreise ab, so ist im Inland das Kapital dann der relativ knappe Faktor, wenn das Verhältnis des Kapitalpreises (z) zum Lohnsatz (l) größer ist als das entsprechende Faktorpreisverhältnis im Ausland: $\frac{z_i}{l_i} > \frac{z_a}{l_a}$. Beide Definitionen der Begriffe Knappheit und Überfluß sind dann miteinander vereinbar, wenn die Wirkungen der Faktormengen auf die Faktorpreise nicht durch die Nachfragebedingungen „überspielt" werden. In diesem Falle ist in dem im physischen Sinne kapitalarmen und arbeitsreichen Inland auch das Verhältnis von Kapitalpreis zu Lohn größer als im Ausland. Wir werden den folgenden Ausführungen die physische Definition zugrunde legen.

3. In beiden Länder herrscht vollständige Konkurrenz auf den Güter- und Faktorenmärkten.
4. Von Transportkosten und Handelshemmnissen wird abgesehen, so daß das Weltmarktpreisverhältnis, welches sich nach Aufnahme des Handels ergibt, mit den nationalen Preisverhältnissen übereinstimmt.
5. Die Menge der Produktionsfaktoren ist konstant; internationale Bewegungen von Kapital und Arbeit sind völlig ausgeschlossen, während innerhalb des einzelnen Landes völlige Faktormobilität gewährleistet ist. Außerdem sind alle Faktoren vollbeschäftigt; es wird stets auf, nie innerhalb der Transformationskurve produziert.
6. Gut 1 wird in beiden Ländern unter den gleichen technischen Bedingungen hergestellt. Die Produktionsfunktionen sind also identisch. Entsprechendes gilt für Gut 2.

Da die Annahme identischer Produktionsfunktionen für die späteren Ausführungen von ganz besonderer Bedeutung ist, sollen Implikationen und Realitätsnähe dieser Annahme etwas näher beleuchtet werden. Ohlin selbst schien der Ansicht zuzuneigen, daß diese Unterstellung den tatsächlichen Gegebenheiten weitgehend entspreche, denn wenn — so behauptet er — die Naturgesetze überall die gleichen seien, müßten auch bei gleicher Qualität der Produktionsfaktoren die Produktionsfunktionen international identisch sein[7]. Wie *Samuelson* jedoch zu recht betont hat, mögen zwar die Naturgesetze überalle die gleichen

---

[7] *Ohlin*, a.a.O., S. 14 ff.

sein, „aber Naturgesetze und ökonomisch relevante Produktionsfunktionen, die den maximalen Ausstoß zu den konkret zur Verfügung stehenden spezifischen Einsatzmengen ins Verhältnis setzen, sind zwei ganz verschiedene Dinge"[8]. Wenn man nämlich, wie unter Annahme 1) betont, von nur zwei Produktionsfaktoren ausgeht und lediglich diese Faktoren in die Produktionsfunktion hineinnimmt, impliziert die Annahme identischer Produktionsfunktionen außer gleichem technischen Wissen und gleichem Stand der Ausbildung auch gleiche klimatische Verhältnisse und übereinstimmende soziale und psychologische Bedingungen, also Identität aller Größen, die die Form der Produktionsfunktion bestimmen. Selbstverständlich wäre es auch möglich, alle diese Größen, die nur irgendeinen Einfluß auf die Produktion ausüben, als Variable in die Produktionsfunktion hineinzunehmen und so zu garantieren, daß in den betrachteten Ländern die Produktionsfunktionen gleich sind. Doch hätte ein solches Vorgehen fatale Konsequenzen, da die Theorie von jedem empirischen Gehalt befreit und zu einem nutzlosen tautologischen System degradiert würde[9]. Außerdem wäre man nunmehr gezwungen, Differenzen in der „Ausstattung" mit sozialen, klimatischen und psychologischen Bedingungen ebenso zu behandeln wie eine unterschiedliche Ausstattung mit Arbeit und Kapital, was zur Folge hätte, daß man z. B. den Handel zwischen Ländern der gemäßigten Zone und der Tropen mit der These erklären müßte, daß die Tropen tropische Früchte exportieren, „weil dort die tropischen Bedingungen relativ häufig anzutreffen sind"[10]. Zur Vermeidung solcher Scheinerklärungen sollten in die Produktionsfunktion nur konkrete inputs aufgenommen werden, so daß alle jene Größen, die einen allgemeinen Einfluß auf die Produktion ausüben, die Form der Produktionsfunktion bestimmen. Allerdings erscheint die Annahme identischer Produktionsfunktionen nunmehr außerordentlich restriktiv, und es ist kaum zu erwarten, daß sie den tatsächlichen Gegebenheiten auch nur annähernd gerecht wird.

Neben der Prämisse identischer Produktionsfunktionen impliziert das *Heckscher-Ohlin*sche Theorem weitere, die Produktionsbedingungen betreffende Annahmen:

7. Die Güter können eindeutig nach ihren Faktorintensitäten klassifiziert werden. Zu jedem beliebigen, in der Herstellung beider Güter gleichen Faktorpreisverhältnis ist das Einsatzverhältnis von Ka-

---

[8] P. A. *Samuelson*, Der Ausgleich der Faktorpreise durch den internationalen Handel, in K. *Rose* (Hrsg.), Theorie der internationalen Wirtschaftsbeziehungen, Köln-Berlin 1965, S. 85.
[9] G. *Haberler*, A Survey of International Trade Theory, Princeton 1961, S. 19.
[10] *Samuelson*, a.a.O., S. 86. *Samuelson* betont zu recht, daß wir uns mit einer solchen „Erklärung" lächerlich machen würden.

pital zu Arbeit in der Erzeugung des Gutes 2 größer als in der Produktion des Gutes 1. Gut 2 ist daher eindeutig kapitalintensiv, Gut 1 dagegen arbeitsintensiv.

8. Die Produktionsfunktionen sind linear-homogen; es gilt also die Annahme konstanter Skalenerträge, während die partiellen Grenzprodukte abnehmen.

9. Da das Faktorproportionentheorem die Produktions- und Außenhandelsstruktur nur aus unterschiedlichen Faktorausstattungen, also divergierenden Produktionsbedingungen, ableiten will, müssen die Nachfragebedingungen in den Ländern identisch sein. Dies setzt nicht nur voraus, daß das System gesellschaftlicher Indifferenzkurven im Inland das gleiche wie im Ausland ist. Außerdem müssen die Einkommens-Konsum-Kurven (*Engel*-Kurven) Geraden durch den Ursprung sein. Um dies zu zeigen, wird in Abb. 1 die Transfor-

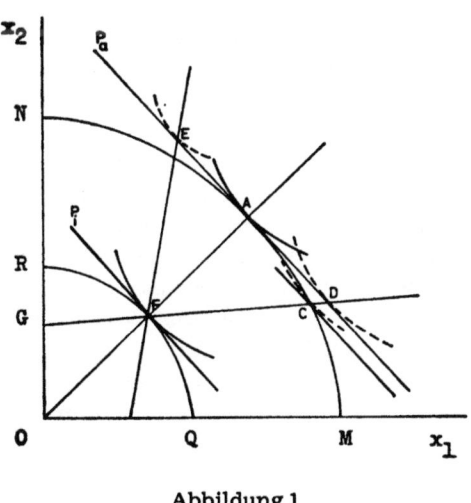

Abbildung 1

mationskurve des Auslands (MN) und die des Inlands (QR) dargestellt und ferner unterstellt, daß bei unterschiedlichem Niveau der wirtschaftlichen Aktivität die Produktionsbedingungen, also Form und Krümmung der Transformationskurven, in beiden Ländern gleich sind. Komparative Kostendifferenzen, die bei Geltung der erörterten Annahmen nur durch divergierende Faktorproportionen bedingt sein können, existieren also nicht. Wie nun oft betont worden ist, findet in diesem Fall nur dann kein Außenhandel statt, wenn die Annahme fehlender Kostenunterschiede durch die

Unterstellung identischer Präferenzen, also gleicher Indifferenzkurvensysteme, in beiden Ländern ergänzt wird. Indessen werden sich Unterschiede in den nationalen Preisrelationen P_i und P_a nur dann nicht ergeben, es wird also nur dann nicht der Außenhandel aufgenommen, wenn die Einkommenselastizitäten gleich 1, die *Engel*-Kurven also zusätzlich Geraden durch den Nullpunkt sind: Wird die für beide Länder geltende *Engel*-Kurve durch die Gerade OFA angegeben, so stimmen in den Gleichgewichtspunkten F und A — den Produktions- und Konsumpunkten bei Autarkie — die nationalen Tauschverhältnisse überein. Ist die Einkommenselastizität für Gut 1 jedoch größer als eins — die *Engel*-Kurve entspreche in diesem Fall der Linie GFD —, so wird die Preislinie P_a nicht in A, sondern in D von einer Indifferenzkurve tangiert. Da das Anstiegsmaß der ausländischen Transformationskurve in C ferner größer als das Anstiegsmaß von QR in F und damit größer als die Steigung der Preislinien P_i und P_a und aller anderen parallel verlaufenden Preislinien ist (wie der durch C), muß MN in C von einer Indifferenzkurve in der in Abb. 1 dargestellten Weise geschnitten werden. Daher wird MN zwischen A und C von einer (nicht eingezeichneten) Indifferenzkurve tangiert, und es folgt mithin, daß der relative Preis des Gutes 1 im Ausland höher als im Inland ist: Außenhandel ist somit möglich. Durch die Annahme identischer Faktorproportionen und Indifferenzkurvensysteme können also Preisunterschiede nicht ausgeschlossen werden, weil bei großer Einkommenselastizität der Gut 1-Nachfrage auf einem hohen Niveau der wirtschaftlichen Aktivität (Ausland) relativ mehr von Gut 1 gewünscht wird als auf einem tieferen Niveau (Inland). Preisdifferenzen werden sich natürlich auch dann ergeben, wenn bei linearem Verlauf der *Engel*-Kurve die Einkommenselastizität kleiner als 1 (Linie FE) ist oder die *Engel*-Kurven gekrümmt verlaufen[11].

Wir halten also fest: Wenn die den Außenhandel ermöglichenden Preisunterschiede allein auf Kostendifferenzen, die im *Heckscher-Ohlin*schen Modell nur durch Unterschiede in der relativen Faktorausstattung bedingt sind, zurückgeführt werden sollen, müssen die Einkommenselastizitäten gleich eins sein. Ist diese Bedingung nicht erfüllt, so erweist sich Außenhandel auch bei identischen Faktorproportionen als möglich. Umgekehrt läßt sich unschwer zeigen (vgl. S. 26 ff.), daß die nationalen Preise auch bei komparativen Kostenunterschieden keineswegs divergieren müssen, wenn die *Engel*-Kurven nicht Geraden durch den Ursprung sind.

---

[11] Es wird von dem unwahrscheinlichen Fall abgesehen, daß eine gekrümmte *Engel*-Kurve durch F und A zugleich verläuft.

II. Das Heckscher-Ohlinsche Modell

Nach Analyse der Voraussetzungen ist es möglich, das *Heckscher-Ohlin*sche Theorem mit Hilfe eines Schaubildes (Abb. 2) abzuleiten, das von K. *Mackscheidt* in seiner Mainzer Dissertation zur Darstellung

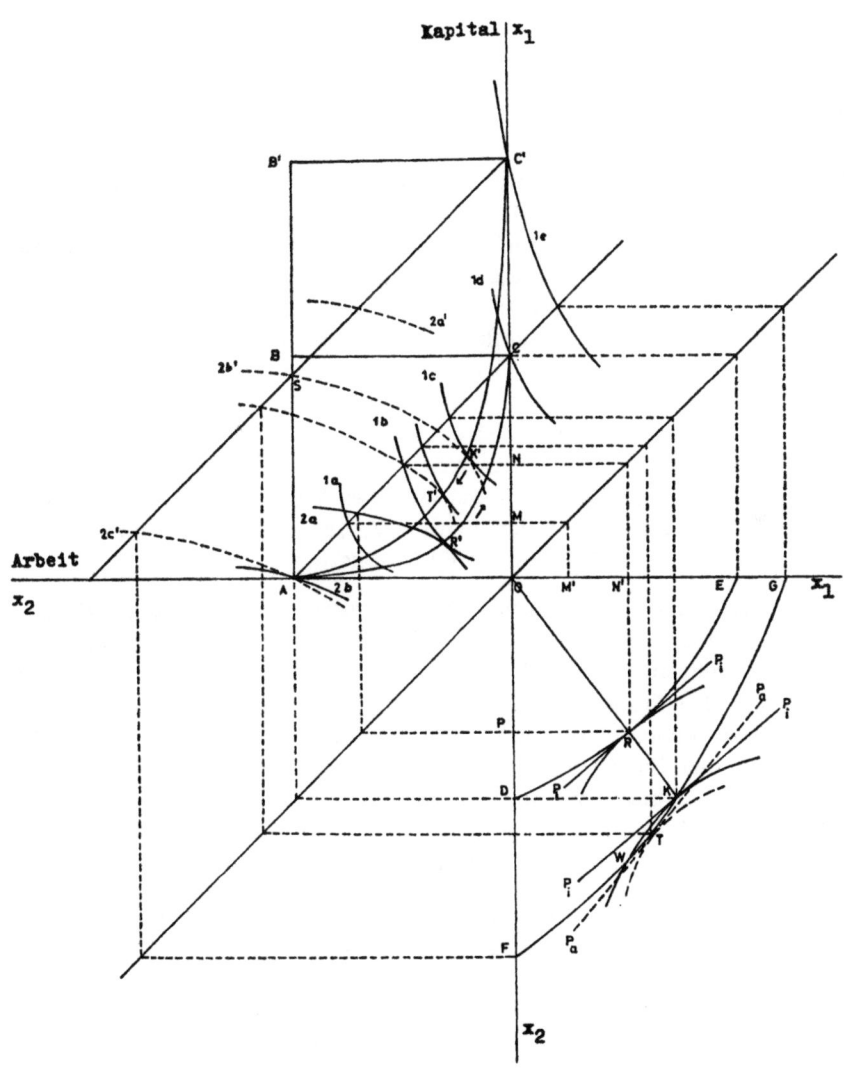

Abbildung 2

des *Rybczynski*-Theorems verwendet wurde[12]. Die Seiten des im zweiten Quadranten eingezeichneten Rechtecks $OABC$ repräsentieren die im Inland verfügbaren Mengen an Arbeit $OA = BC$ und an Kapital $OC = BA$. A ist der Ursprung der Gut 1-Isoquanten 1 a, 1 b, 1 c, 1 d, deren Berührungspunkte mit den von C aus abgetragenen Gut 2-Isoquanten 2 a, 2 b die Kontraktkurve $AR'C$ ergibt. Da Gut 1 bei jedem gegebenen (in der Herstellung beider Produkte gleichen) Faktorpreisverhältnis arbeitsintensiver als Gut 2 ist, muß die Kontraktkurve unterhalb der Diagonalen AC verlaufen. Aus der Kontraktkurve kann nun die im vierten Quadranten eingezeichnete Transformationskurve DRE durch eine einfache Überlegung abgeleitet werden: Wenn die Isoquante 1 a z. B. 10 Einheiten des Gutes 1 repräsentiert, so folgt aus der Annahme linear-homogener Produktionsfunktionen, daß eine Isoquante 1 b, deren Schnittpunkt mit dem Expansionspfad AC die doppelte Entfernung von A aufweist wie der Schnittpunkt zwischen 1 a und AC, auch die doppelte Produktmenge, also 20 Einheiten anzeigt. Wird auf der Ordinate OC nun nicht nur der Kapitaleinsatz, sondern auch die produzierte Menge des Gutes 1 (x_1) gemessen, und projiziert man die Schnittpunkte von 1 b und 1 a mit AC auf die Ordinate (Punkte N und M), so wird die durch 1 a angegebene Produktmenge durch die Strecke OM und die durch 1 b bestimmte Menge durch die doppelt so große Strecke ON repräsentiert. Diese Mengen des Gutes 1 werden mit Hilfe einer 45°-Linie auf die Abszisse OEG übertragen (OM' und ON'). Durch analoges Vorgehen können die Mengen (x_2) des Gutes 2 auf der Achse OA und — durch Spiegelung an einer 45°-Linie — auf der Achse OPD abgetragen werden.

Mit Hilfe dieses Verfahren ist es möglich, aus der Kontraktkurve $AR'C$ die Transformationskurve DRE abzuleiten und zu jedem Produktionspunkt auf der Kontraktkurve den entsprechenden Produktionspunkt auf der Transformationskurve zu finden. Unterstellen wir z. B., daß R' der relevante Produktionspunkt auf der Kontraktkurve sei. Da sich in diesem Punkt die Isoquanten 1 b und 2 a berühren, erhält man durch Übertragung der Schnittpunkte von 1 b und 2 a mit AC die Produktmengen ON' und OP, die den Produktionspunkt R auf der Transformationskurve bestimmen. Führt man dieses Verfahren auch für alle anderen Punkte auf der Kontraktkurve durch, so erhält man die Transformationskurve DRE mit den Endpunkten E und D, welche die durch die Isoquanten 1 d und 2 b angezeigten Mengen repräsentieren.

---

[12] K. *Mackscheidt*, Der internationale Ausgleich der Faktorpreise, Berlin 1967. Die Elemente dieser Konstruktion hat K. *Savosnick* entwickelt. (The Box-Diagram and the Production Possibility Curve. „Ekonomisk Tidskrift", Bd. 60 (1958)).

Wir führen nun das Ausland ein und unterstellen, daß die Strecken $OA = B'C'$ und $OC' = AB'$ der Box $AB'C'O$ die hier verfügbaren Arbeits- und Kapitalmengen messen. Verglichen mit der Faktorausstattung des Inlands ist im Ausland die Arbeit knapp und das Kapital der reichlich vorhandene Faktor, wie durch die Beziehung $\frac{K_a}{A_a} > \frac{K_i}{A_i}$ verdeutlicht wird. Da die Produktionsfunktionen im Inland und Ausland identisch sind, bestimmen die Gut 1-Isoquanten die Produktionsbedingungen in beiden Ländern. Auch die Gut 2-Isoquanten sind identisch, nur ist es unter Berücksichtigung der ausländischen Faktorausstattung notwendig, den Ursprung dieses Isoquantensystems nach C' zu verlegen. Zu diesem Zweck verschieben wir die Diagonale AC sowie die Gut 2-Isoquanten parallel nach oben, so daß z. B. die Isoquante 2 a' die gleiche Produktmenge wie die Isoquante 2 a repräsentiert: Diese Isoquanten schneiden die Strecken SC' und AC in gleicher Entfernung von den Ursprungspunkten C' und C. Die Berührungspunkte zwischen den Gut 1-Isoquanten und den nach oben verschobenen, gestrichelt gezeichneten Gut 2-Isoquanten bilden die ausländische Kontraktkurve $AK'C'$, deren Übertragung auf den vierten Quadranten die Transformationskurve FKG ergibt. So läßt sich z. B. der Produktionspunkt K aus dem korrespondierenden Punkt K' ableiten, wenn wir die der Isoquante 1 c entsprechende Menge des Gutes 1 mit Hilfe der Strecke AC und die der Isoquante 2 b' zugeordnete Menge des Gutes 2 mit Hilfe der Strecke SC' übertragen.

Aus dem Verlauf der Transformationskurven wird sofort ersichtlich, daß das kapitalreiche Ausland einen Vorteil in der Erzeugung des kapitalintensiven Gutes Nr. 2 besitzt, während das relativ arbeitsreiche Inland einen Vorsprung bei Gut 1 aufweist. Um nun die im autarken Zustand existierenden Produktionspunkte zu finden, konstruieren wir das für beide Länder identische System gesellschaftlicher Indifferenzkurven unter der Annahme, daß die *Engel*-Kurve eine Gerade durch den Ursprung ist.

Das Inland produziert dann in R bei einem Preisverhältnis, das durch die Steigung der Linie P_i angegeben ist. Verschiebt man die Preislinie P_i parallel bis K, so wird die ausländische Transformationskurve von einer Indifferenzkurve in K und W geschnitten, und es folgt somit, daß das Gleichgewicht durch einen Punkt wie T bestimmt ist, der zwischen W und K liegt. Das ausländische Preisverhältnis ist daher durch P_a gegeben. R und T bzw. die zugehörigen Punkte R' und T' auf den Kontraktkurven geben dann die im autarken Zustand produzierten Mengen der beiden Güter an. Da nun die Anstiegsmaße der Tangenten, welche an die Isoquanten in R' und T' gelegt werden können, die relativen Faktorpreise messen, die Tangente in T' aber steiler als die in R'

verläuft, ist das Verhältnis zwischen Lohn und Kapitalpreis im arbeitsreichen Inland kleiner als das entsprechende Verhältnis im kapitalreichen Ausland. Diesen Unterschieden in den relativen Faktorpreisen entsprechen Unterschiede in den relativen Güterpreisen: Die divergierenden Steigungsmaße der durch R und T gelegten Preislinien zeigen an, daß Gut 1, gemessen in Einheiten des Gutes 2, im Inland billiger als im Ausland ist. So wird das Faktorproportionentheorem bestätigt: Wenn sich nach Eröffnung des Außenhandels ein einheitliches Weltmarktpreisverhältnis bildet, spezialisiert sich das arbeitsreiche Inland auf die Herstellung seines arbeitsintensiven Gutes 1 (der Produktionspunkt wandert auf E zu), während das reichlich mit Kapital versehene Ausland die Produktion seines kapitalintensiven Gutes 2 vergrößert (der Produktionspunkt wandert auf F zu). Jedes Land exportiert dann jenes Gut, zu dessen Herstellung der „im Überfluß" vorhandene Faktor besonders stark benötigt wird.

III. Die Wirkungen des technischen Fortschritts auf Kontrakt- und Transformationskurven

In den bisherigen Ausführungen wurde gezeigt, daß das Faktorproportionentheorem mit Notwendigkeit aus den erörterten Prämissen folgt. Wenn nun auch das Aufgeben dieser Annahmen nicht in jedem Fall die Gültigkeit des Theorems bedroht, so bietet eine Überprüfung des Prämissenkatalogs und die Substitution bestimmter Voraussetzungen durch andere Annahmen doch die Möglichkeit, potentielle Ursachen für die Falsifikation des *Heckscher-Ohlin*schen Theorems durch *Leontief* aufzudecken. Im folgenden wird ein technischer Fortschritt in der Gut 1-Industrie des Inlands unterstellt und somit die Annahme identischer Produktionsfunktionen aufgegeben. Selbstverständlich kann der technische Fortschritt methodisch auch in anderer Form gedeutet werden: Wenn man in die Produktionsfunktionen den Fortschritt als konkreten input aufnimmt, wird das Zwei-Faktoren-Modell durch ein Drei-Faktoren-Modell ersetzt, und es gilt die Aussage, daß das Inland nunmehr relativ besser mit den Faktoren „Arbeit" und „technischer Fortschritt" versehen ist.

Die Wirkungen des technischen Fortschritts können unter zwei Aspekten erörtert werden. Man kann einmal fragen, wie sich der Fortschritt auf Produktion und Faktorpreise auswirkt, wenn die relativen Güterpreise unverändert bleiben. Dies ist der Weg, der von *Findlay* und *Grubert*[13] sowie von *Johnson*[14] beschritten wurde. Im folgenden

---

[13] R. *Findlay* und H. *Grubert*, Factor Intensities, Technological Progress, and the Terms of Trade. „Oxford Economic Papers", N. S., Bd. 11 (1959).
[14] H. G. *Johnson*, Economic Development and International Trade, in: Mo-

wird jedoch ein anderer, erstmals von *Minabe*[15] aufgezeigter Weg benutzt und die Frage gestellt, wie Produktion und relative Güterpreise bei konstanten relativen Faktorpreisen durch den Fortschritt beeinflußt werden. Diese Art des Vorgehens erlaubt es uns, fortschrittsmodifizierte Kontrakt- und Transformationskurven abzuleiten und insofern zu überprüfen, ob komparative Vorteile für ein Gut verstärkt oder gemildert oder sogar in komparative Nachteile verwandelt werden.

Zunächst sei in der Gut 1-Industrie des Inlands neutraler technischer Fortschritt im Sinne von *Hicks* unterstellt, so daß bei gegebenen Grenzproduktivitätsverhältnissen (= Faktorpreisverhältnissen) die Relation zwischen Arbeits- und Kapitaleinsatz konstant bleibt[16]. Mit Hilfe von Abb. 3 ist es dann möglich, die Wirkungen auf die Kontraktkurve abzuleiten.

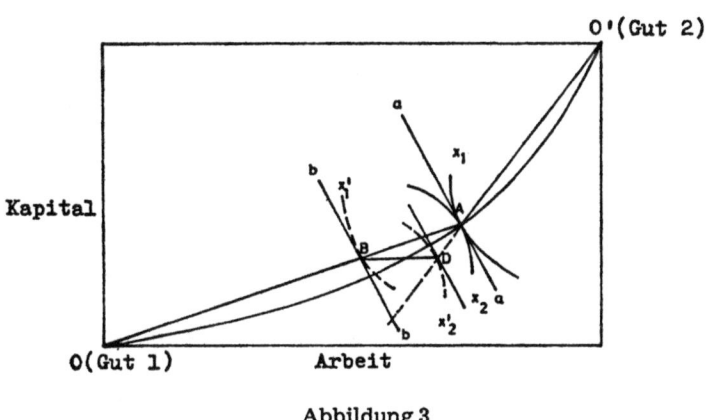

Abbildung 3

Sieht man von externen Effekten im Produktionsbereich ab und unterstellt man ferner vollständige Konkurrenz auf den Faktormärkten, so wird zunächst auf der Kontraktkurve OAO' produziert, denn nur hier ist die Bedingung erfüllt, daß das Verhältnis der Grenzproduktivitäten von Arbeit und Kapital in beiden Industrien überein-

---

ney, Trade and Economic Growth, London 1962. — Vgl. auch K. *Rose*, Theorie der Außenwirtschaft, 3. Aufl., Berlin-Frankfurt 1970, S. 350 ff.

[15] N. *Minabe*, The *Heckscher-Ohlin* Theorem, The *Leontief* Paradox, and Patterns of Economic Growth. „American Economic Review", Bd. 56 (1966), S. 1198 ff.

[16] Es ist fraglich, ob man hier von einer Änderung der Produktionsfunktion sprechen soll, da nur der Effizienzparameter, nicht aber Distributions- und Substitutionsparameter, also Schiefe und Krümmung der Isoquanten, geändert werden.

stimmt. Wenn A dieser Produktionspunkt ist, wird die Gut 1-Erzeugung durch die Isoquante x_1 (mit dem Ursprung O) und die Gut 2-Erzeugung durch die Isoquante x_2 (mit dem Ursprung O') angegeben. Das Kapital-Arbeitsverhältnis ist dann durch den Anstieg der Expansionspfade OA bzw. $O'A$ und das Beschäftigungsvolumen durch die Koordinaten des Punktes A in bezug auf O (Arbeits- und Kapitaleinsatz in der Gut 1-Industrie) bzw. O' (Arbeits- und Kapitaleinsatz in der Gut 2-Industrie) determiniert. Offenbar sind in A — wie in jedem Punkt auf der Kontraktkurve — die verfügbaren Arbeits- und Kapitaleinheiten vollständig eingesetzt.

Der technische Fortschritt verschiebt nun die x_1-Isoquante in Richtung auf den Ursprung derart, daß die gegebene, parallel zu aa verlaufende Faktorpreisgerade bb auf dem Expansionspfad OA von der Isoquante x_1' berührt wird und das Faktoreinsatzverhältnis konstant bleibt. Wenn x_1' die gleiche Produktmenge wie x_1 repräsentiert, werden Arbeit und Kapital entsprechend den Faktorproportionen in der Gut 1-Industrie freigesetzt. Vollbeschäftigung kann also bei gegebenen relativen Faktorpreisen nur dann gesichert werden, wenn die Gut 1-Produktion bei konstanter Gut 2-Produktion expandiert und A der neue (und alte) Produktionspunkt ist, wobei die durch A verlaufende Gut 1-Isoquante nunmehr einen höheren Ausstoß als vor dem Fortschritt anzeigt. Die Form der Kontraktkurve bleibt somit unverändert, nur ändern sich die den Gut 1-Isoquanten zugeordneten Zahlenwerte.

Daß sich die Produktion des Gutes 1 bei konstanter Erzeugung des Gutes 2 vergrößert, folgt aus der Überlegung, daß bei konstanten relativen Faktorpreisen das Kapital-Arbeits-Verhältnis in beiden Industrien unverändert bleibt. Da aber das Verhältnis von Arbeit zu Kapital in der Erzeugung des Gutes 1 größer als in der Produktion des Gutes 2 ist, entspricht das Verhältnis der in der Gut 1-Industrie freigesetzten Produktionsfaktoren nicht den Faktorproportionen in der Gut 2-Industrie. Eine Vergrößerung der Gut 2-Produktion kann die Vollbeschäftigung demnach nicht sichern. So wäre in Abb. 3 eine Ausdehnung der Gut 2-Erzeugung bei gegebener Kapital-Arbeits-Relation nur solange möglich, bis eine Isoquante x_2', also ein Produktionspunkt D erreicht ist, der zwar die Vollausnutzung des Kapitalbestandes garantiert, aber Unterbeschäftigung der Arbeit im Umfang der Strecke BD impliziert. Die Faktoren Kapital und Arbeit sind vollständig nur ausgenutzt, wenn allein die Produktion des Gutes 1 vermehrt wird.

Die Wirkungen des arbeitssparenden Fortschritts in der Gut 1-Industrie, der bei gegebenen relativen Faktorpreisen das Kapital-Arbeits-Verhältnis vergrößert, wird mit Hilfe von Abb. 4 erörtert. Wenn A der ursprüngliche Produktionspunkt ist, muß sich die x_1-Isoquante auf den Ursprung zu verschieben, bis ein neuer Produktionspunkt B gefunden

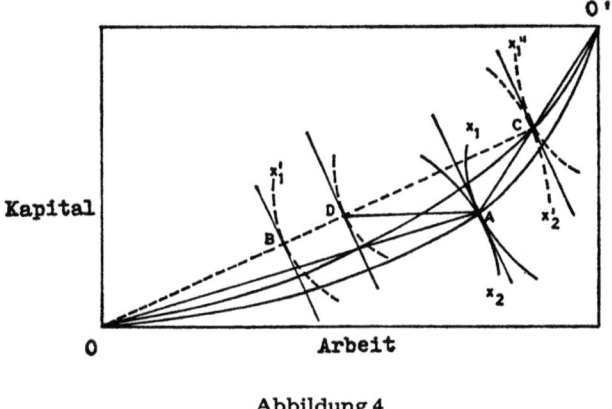

Abbildung 4

ist, der zwar die gleiche Produktmenge wie A ($x_1' = x_1$), aber ein größeres Kapital-Arbeits-Verhältnis repräsentiert; der Expansionspfad OA wird also durch OB ersetzt. Wie im Falle des neutralen Fortschritts kann eine Absorption der freigesetzten Arbeits- und Kapitaleinheiten auch jetzt nur durch eine Vergrößerung der Gut 1-Produktion über OB hinaus gesichert werden. Steigt die Produktion bis D, so ist bei konstanter Produktion des Gutes 2 ($= x_2$) der Kapitalbestand völlig ausgelastet, während Arbeit im Umfang von DA brach liegt. Die zusätzlich verfügbare Arbeit kann offenbar nur dann beschäftigt werden, wenn die Produktion des Gutes 1 nunmehr auf Kosten von Gut 2 erhöht wird, bis ein Punkt wie C erreicht ist, der bei konstanten relativen Faktorpreisen sowohl die Übereinstimmung der Grenzproduktivitätsverhältnisse als auch die Vollausnutzung von Arbeit und Kapital ermöglicht. Arbeitssparender Fortschritt in der Gut 1-Industrie führt also zu einer Expansion der Produktion des Gutes 1 bei gleichzeitiger Verminderung der Produktion des Gutes 2; zugleich verschiebt sich die Kontraktkurve von OAO' nach OCO'.

Unsere Folgerung entspricht den Ergebnissen des *Rybczynski*-Theorems[17], wenn auch *Rybczynski* nicht die Effekte des arbeitssparenden Fortschritts, sondern die einer Zunahme der Erwerbsbevölkerung bei konstantem Stand der Technik untersuchte. Die ökonomische Logik unseres Theorems ist jedenfalls nicht schwierig einzusehen: Steht eine frei verfügbare Arbeitsreserve von DA zur Verfügung, so können diese Arbeitskräfte bei konstanten, dem Anstieg der Linien OC und $O'A$ entsprechenden Faktoreinsatzverhältnissen nur dann beschäftigt

---

[17] T. M. *Rybczynski*, Factor Endowment and Relative Commodity Prices. „Economica", N. S., Bd. 22, 1955.

werden, wenn die Produktion des kapitalintensiven Gutes Nr. 2 absolut vermindert wird. Durch diese Produktionseinschränkung werden Kapital und Arbeit zur Erzeugung zusätzlicher Mengen des Gutes 1 freigesetzt, allerdings mehr Kapital, als bei gegebenen Faktoreinsatzverhältnissen in der arbeitsintensiven Industrie Nr. 1 zur Kombination mit den transferierten Arbeitsmengen notwendig ist. Der „Überschuß" an Kapital kann dann verwendet werden, um die brachliegenden Arbeitskräfte zu beschäftigen. Durch diesen Umschichtungsprozeß ist es also möglich, die Faktoreinsatzrelationen in beiden Wirtschaftszweigen konstant zu halten, obwohl der Einsatz an Arbeitskräften steigt.

Als dritte Fortschrittsvariante ist schließlich der kapitalsparende Fortschritt zu erwähnen, der bei gegebenen relativen Faktorpreisen das Einsatzverhältnis von Kapital zu Arbeit vermindert. In Abb. 5 verläuft die neue Isoquante x_1' durch B, so daß der Expansionspfad OA durch OB ersetzt wird. Da B senkrecht unterhalb von A liegt, sind

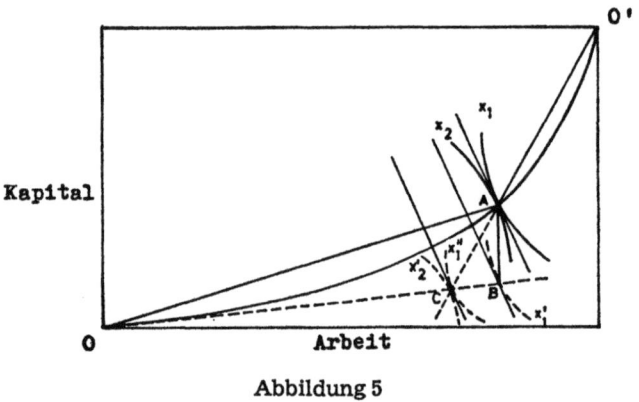

Abbildung 5

Teile des Kapitalbestandes nicht beschäftigt, während Arbeitsreserven nicht bestehen. Gemäß dem *Rybczynski*-Theorem kann der „Überfluß" an Kapital nur dann beseitigt, die Vollbeschäftigung also nur dann gesichert werden, wenn die Produktion des kapitalintensiven Gutes 2 von x_2 auf x_2' vergrößert und die des Gutes 1 von x_1' ($= x_1$) auf x_1'' verringert wird[18]. Da das Grenzproduktivitätsverhältnis auf OB dem Grenzproduktivitätsverhältnis auf $O'C$ entspricht, können nur in C — dem Schnittpunkt beider Kurven — Arbeit und Kapital bei Übereinstimmung der relativen Grenzprodukte vollbeschäftigt sein. Die neue Kontraktkurve verläuft also durch den Produktionspunkt C.

---

[18] Dieses Ergebnis gilt auch dann, wenn die x_1'-Isoquante nicht in B, aber rechts von C eine Faktorpreisgerade auf dem Pfad OB berührt.

Indessen muß die Produktion des Gutes 1 nicht immer sinken. So ist eine Zunahme der Erzeugung dieses Gutes zu erwarten, wenn der Grad der Isoquantenverschiebung, also das Ausmaß des Fortschritts, sehr groß und/oder der kapitalsparende Charakter des Fortschritts sehr schwach ist. Wird z. B. in Abb. 6 die x_1-Isoquante durch x_1' ersetzt, so herrscht neues Gleichgewicht erst dann, wenn die Produktion des Gutes 2 auf x_2' und die des Gutes 1 auf x_1'' vergrößert wird.

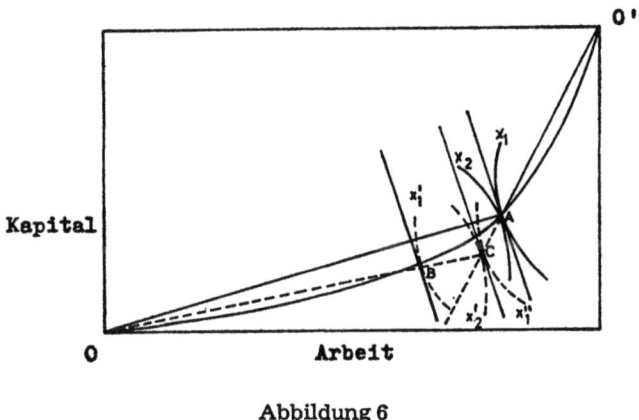

Abbildung 6

Schließlich ist es auch denkbar, daß die Erzeugung des Gutes 2 bei konstanter Produktion des Gutes 1 erhöht wird. Dieser Grenzfall ist offenbar dann gegeben, wenn die fortschrittsmodifizierte Isoquante x_1' durch den Schnittpunkt der Expansionspfade OC und $O'C$ verläuft. Die Wirkungen des kapitalsparenden Fortschritts in der Gut 1-Industrie sind also unbestimmt. Während die Produktion des Gutes 2 immer zunimmt, kann die Erzeugung von Gut 1 steigen, konstant bleiben oder fallen.

Wie mit Hilfe der Abb. 3, 4, 5 und 6 gezeigt werden konnte, beeinflußt der technische Fortschritt die Lage der Kontraktkurven, zumindest aber hat er — wie im Falle des neutralen Fortschritts — zur Folge, daß sich die den Isoquanten zugelegten Zahlenwerte auch bei konstanter Form der Kontraktkurve ändern. Nun gibt die Kontraktkurve an, welche Mengen eines Gutes bei gegebener Menge des anderen Gutes maximal erzeugt werden können. Da die Definition der Transfomationskurve mit der der Kontraktkurve identisch ist, kann man mit Hilfe der neuen Kontraktkurven die fortschrittsmodifizierten Transformationskurven gewinnen und somit überprüfen, ob die durch unterschiedliche Faktorproportionen bedingten komparativen Vorteile durch Produktivitätsdifferenzen verstärkt oder gemildert werden. Wir beschränken die Ableitung auf eine Analyse des neutralen Fortschritts in der Gut 1-Industrie[19].

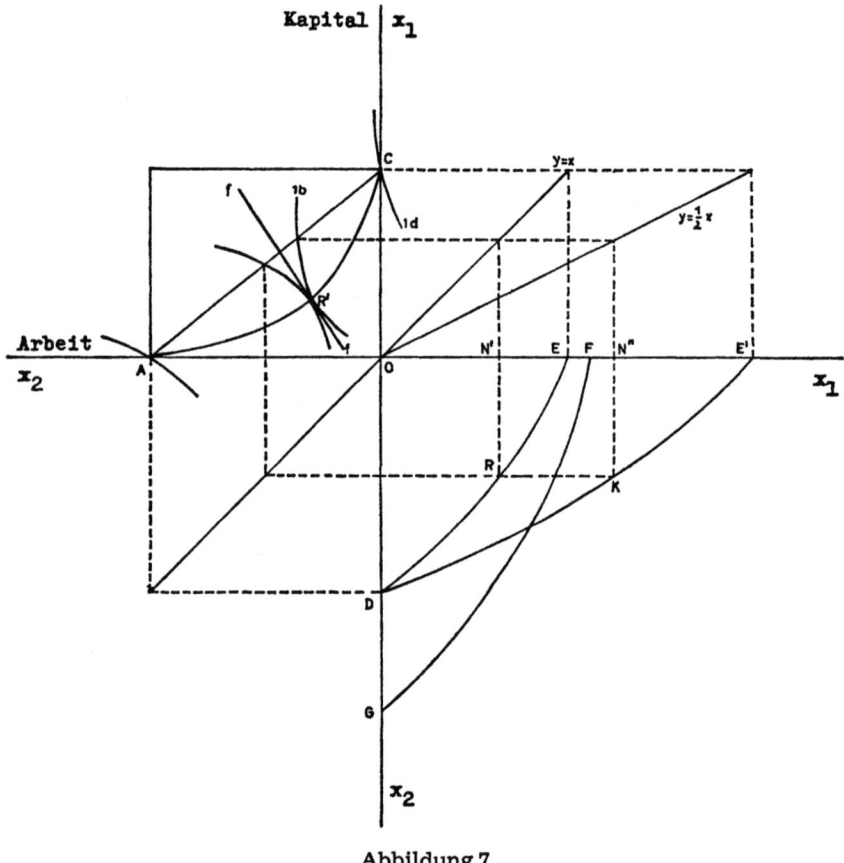

Abbildung 7

Die in Abb. 7 dargestellte Kontraktkurve $AR'C$ des Inlands sowie die Transformationskurven ED (Inland) und GF (Ausland) sind aus Abb. 2 übernommen. Wird nun ein 100%iger neutraler Fortschritt in der Gut 1-Industrie des Inlands unterstellt, so bleibt die Form der Kontraktkurve unverändert, während die den Gut 1-Isoquanten zugeordneten Zahlenwerte verdoppelt werden müssen. So repräsentiert

---

[19] Vgl. *Mackscheidt*, a.a.O.

die Isoquante 1_b, die durch R' verläuft, nicht mehr die Menge ON', sondern die doppelt so große Menge ON'' und entsprechend zeigt die Isoquante 1_d nunmehr die Menge OE', nicht aber die halb so große Menge OE an. Die Produktionswerte der Gut 1-Isoquanten werden also nicht mehr mit Hilfe der Geraden $y = x$, sondern mit Hilfe der Linie $y = \frac{1}{2} x$ auf die Abszisse des 4. Quadranten übertragen. Da gleichzeitig die Gut 2-Isoquanten ihre Lage und Bezifferung beibehalten, wird die Transformationskurve DE durch die Kurve DE' ersetzt, und es zeigt sich, daß der komparative Vorteil, den das Inland in der Herstellung des arbeitsintensiven Gutes 1 aufgrund der reichlichen Ausstattung mit Arbeit besitzt, durch den Produktivitätsvorsprung in dieser Industrie verstärkt wird. Insofern impliziert Abb. 7 eine Kombination der *Heckscher-Ohlin*schen Theorie mit der *Ricardianischen* Version des Theorems der komparativen Kosten, denn während im *Heckscher-Ohlin*schen Modell die Faktorproportionen das dominierende Element sind, sah *Ricardo* in Produktivitätsdifferenzen die eigentliche Ursache der Kostenunterschiede.

Während Faktorausstattung und Produktivitätsvorteile in dem geschilderten Falle in die gleiche Richtung wirken — den Kostenvorteil bei Gut 1 vergrößern — können keine eindeutigen Aussagen mehr getroffen werden, wenn neutraler Fortschritt in der Industrie des Gutes 2 auftritt. Bei konstanter Technik in der Gut 1-Industrie ändert sich die Transformationskurve derart, daß sie die x_2-Achse bei größeren Werten als OD, die x_1-Achse aber nach wie vor in E schneidet. Je nach der Stärke der Verschiebung (dem Grad des Fortschritts) wird der komparative Nachteil, den Gut 2 im Ausgangszustand aufwies, gemildert oder gar in einen komparativen Vorteil umgekehrt — obwohl der Faktor Kapital, der bei der Herstellung dieses Gutes dominiert, im Inland der knappe Faktor ist. Der Fall identischer Kostenrelationen wäre offenbar dann gegeben, wenn die neue Transformationskurve der Transformationskurve des Auslands in Form und Krümmung genau entspricht. Ob sich in solchen Fällen die Struktur des Handels ändert, das kapitalarme Inland also z. B. sein kapitalintensives Produkt Nr. 2 exportiert, kann allerdings erst dann entschieden werden, wenn bei identischen Systemen der gesellschaftlichen Indifferenzkurven die Lage der *Engel*-Kurven bekannt ist.

Neue Transformationskurven lassen sich auch konstruieren, wenn der Fortschritt arbeits- oder kapitalsparend ist. Man muß lediglich die den einzelnen Punkten der Kontraktkurve zugelegten Zahlenwerte in ein $x_1 - x_2$-Diagramm übertragen, um die gesuchte Transformationskurve zu erhalten. Wird arbeits- oder kapitalsparender Fortschritt lediglich in der Gut 1-Industrie unterstellt, so muß die neue Transformationskurve die x_1-Achse wiederum bei größeren, die x_2-Achse aber bei unveränderten Zahlenwerten schneiden.

IV. Die Bedeutung unterschiedlicher Aktivitätsniveaus für das Heckscher-Ohlinsche Theorem

Um zu überprüfen, ob die Struktur des Außenhandels dem *Heckscher-Ohlin*schen Modell auch bei unterschiedlichem Stand der Technik entspricht, muß die Nachfrage in Form von Annahmen über den Verlauf der *Engel*-Kurven in das Modell eingebaut und die im autarken Zustand existierende Preiskonstellation abgeleitet werden[20]. An der Voraussetzung, daß die gesellschaftlichen Indifferenzkurven in beiden Ländern gleich sind, wird im folgenden festgehalten. In Abb. 8 sind die Transformationskurven *AB* des Inlands und *CD* des Auslands sowie eine Indifferenzkurve I_1 eingezeichnet, welche die Transformationskurven in den Autarkiepunkten *E* und *F* berühren. Da der relative Preis des Gutes 1 im Inland, angezeigt durch die Steigung der Linie P_i, geringer als der relative Auslandspreis (P_a) des Gutes ist, exportiert das „arbeitsreiche" Inland sein arbeitsintensives Produkt Nr. 1, so daß

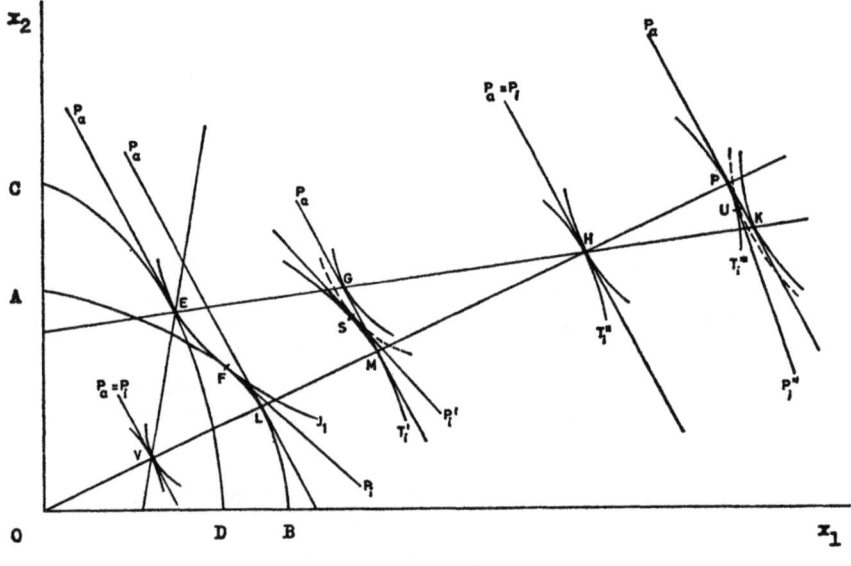

Abbildung 8

---

[20] *Minabe*, a.a.O., S. 1204 ff.

das *Heckscher-Ohlin*-Theorem erfüllt ist. Es wird ferner unterstellt, daß die Einkommenselastizität der Nachfrage nach Gut 1 größer als eins ist. Die auf die Preislinie P_a bezogene *Engel*-Kurve werde z. B. durch die Linie *EGHK* angegeben; auf dieser Linie ist die Grenzrate der Substitution, also das Anstiegsmaß der Indifferenzkurven, dem gegebenen, durch P_a bestimmten Preisverhältnis gleich.

Es sei nun neutraler technischer Fortschritt in beiden Industrien des Inlands angenommen, so daß die Transformationskurve *AB* durch T_i', T_i'' oder T_i''' ersetzt wird, je nachdem, wie stark der Fortschritt ist. Wenn ferner der Grad des Fortschritts in beiden Industrien gleich ist, unterscheiden sich die Transformationskurven nur durch das Aktivitätsniveau, nicht jedoch in Form und Krümmung: Der komparative Kostenvorteil bleibt also für Gut 1 erhalten. Wie jedoch leicht zu zeigen ist, kann der Kostenvorteil, den Gut 1 besitzt, bei stärkerer Produktionszunahme nicht verhindern, daß der relative Preis des Gutes höher als im Ausland wird, so daß das *Heckscher-Ohlin*sche Theorem verletzt ist. Da nämlich die Einkommenselastizität in bezug auf Gut 1 sehr groß ist, nimmt die Nachfrage nach Gut 1 besonders stark zu, wenn der technische Fortschritt ein höheres Niveau der wirtschaftlichen Aktivität, also auch ein höheres Volkseinkommen möglich macht. Während der Kostenvorteil den Preis des Gutes niedrig hält, treibt die Nachfrage diesen Preis herauf, und so muß sich dann der Fall ergeben, daß bei genügend starker, einkommenssteigender Expansion der relative Preis des Gutes 1 höher als im Ausland wird. Um die Voraussetzungen dieses Falles genauer zu beschreiben, wird jene Rate der wirtschaftlichen Expansion, also jene Transformationskurve gesucht, für die P_i und P_a gerade übereinstimmen. Zu diesem Zweck fixieren wir den Punkt *L* auf der inländischen Transformationskurve *AB*, der als Berührungspunkt von P_a und *AB* bestimmt ist. Durch *L* verläuft die Produktionslinie *OLMP*, die alle Punkte verbindet, in denen die Grenzrate der Transformation im Inland mit dem Preisverhältnis P_a übereinstimmt. Weil sich die fortschrittsmodifizierten Transformationskurven in Form und Krümmung nicht von *AB* unterscheiden, muß die Produktionslinie im Fall der Abb. 8 eine Gerade sein. Da nun jenes inländische Expansionsniveau gesucht ist, bei dem der relative Preis des Gutes 1 im Inland (P_i) den relativen Auslandspreis P_a erreicht, gilt es, eine Transformationskurve T_i zu finden, die garantiert, daß die Grenzrate der Substitution zum Preis P_a der Grenzrate der Transformation zum Preis P_a in einem gemeinsamen Punkt entspricht, eine Indifferenzkurve also die inländische Transformationskurve beim Preis P_a berührt. Diese Bedingung ist erfüllt, wenn die inländische Transformationskurve (T_i'') durch *H*, dem Schnittpunkt von *Engel*-Kurve und Produktionslinie, verläuft. Da *H* auf der *Engel*-Kurve liegt, ist die Grenzrate der Substitution gleich dem Anstieg von P_a. Weil H ferner ein Punkt auf der inländischen Produktionslinie ist, entspricht auch die Grenzrate der Transformation im Inland dem Preisverhältnis P_a, so daß der relative Preis des Gutes 1 im Inland mit dem Auslandspreis des Gutes übereinstimmt: Außenhandel findet dann nicht statt.

Das *Heckscher-Ohlin*-Theorem ist dagegen erfüllt, wenn die Transformationskurve — z. B. T_i' — links von H verläuft. Hier wird P_a von der Transformationskurve in M, von der Indifferenzkurve dagegen in G berührt; ein gemeinsamer Tangentialpunkt existiert also nicht. Vielmehr wird T_i' von einer anderen Indifferenzkurve in einem Punkt wie S berührt, so daß der Inlandspreis des Gutes 1 — die Steigung von P_i' — geringer als der Auslandspreis dieses Gutes ist, wenn auch der Inlandspreis den Preis P_i im Ausgangszustand (F) übersteigt. Sollte die Transformationskurve dagegen rechts von H verlaufen (T_i'''), so sind die Bedingungen des *Leontief*-Falls erfüllt. Da sich Transformations- und Indifferenzkurve in einem Punkt wie U berühren, die Steigung von T_i''' in U aber größer als die Steigung von T_i''' in P und damit größer als die Steigung von P_a ist, hat das arbeitsintensive Gut Nr. 1 im Inland — verglichen mit dem Ausland — einen Preisnachteil, was durch die Steigung der Linien P_i'' und P_a verdeutlicht wird. Das arbeitsintensive Gut ist nunmehr das Importgut.

Der *Leontief*-Fall ist selbstverständlich zu vermeiden, wenn der Anstieg der durch E gelegten *Engel*-Kurve größer als die Steigung der Produktionslinie ist, da dann die Nachfrageexpansion zu schwach ist, um den Kostenvorteil auszugleichen. Andererseits wäre der *Leontief*-Fall durchaus auch möglich, wenn die Einkommenselastizität kleiner als 1 ist, die Engel-Kurve also z. B. der Linie VE entspricht: Rechts oberhalb von V gilt das *Heckscher-Ohlin*-Theorem, während links unterhalb von V der Preis des Gutes 1 im Inland höher als im Ausland ist, weil bei kleinem Einkommen dieses Gut besonders stark gewünscht wird.

Die bisher behandelten Fälle machten deutlich, daß der Außenhandel nicht notwendig den Ergebnissen des *Heckscher-Ohlin*-Modells entspricht, auch wenn Kostenunterschiede bei identischen Präferenzsystemen existieren. Bei gegebenem Verlauf der *Engel*-Kurven wird die Richtung der Handelsströme durch das Aktivitätsniveau bestimmt. Im folgenden sei nun untersucht, wie sich das Ergebnis ändert, wenn der technische Fortschritt nicht nur das Aktivitätsniveau, sondern auch den Grad des Kostenvorteils ändert. Zunächst wird neutraler Fortschritt in der Gut 1-Industrie des Inlands unterstellt, so daß der Kostenvorteil, der schon im Ausgangszustand existierte, durch den Fortschritt noch vergrößert wird.

Mit Hilfe eines von *Findlay* und *Grubert* entwickelten Theorems[21] läßt sich bestimmen, wie die Produktionslinie in diesem Fall verläuft. Neutraler technischer Fortschritt in der Industrie des Gutes 1 hat nach diesem Theorem zur Folge, daß bei konstanten relativen Güterpreisen die Erzeugung dieses Gutes steigt und die Produktion des anderen Gutes sinkt. Geht man zunächst davon aus, daß der Fortschritt die Durchschnittskosten und den Preis des Gutes 1 vermindert, so kann diese Preisverschiebung nur dann korrigiert, die ursprüngliche Preisrelation also nur dann wiederhergestellt werden, wenn die Produktion des kapitalintensiven Gutes 2 zurückgeht. Durch diese Produktionseinschränkung werden in der kapitalintensiven Industrie mehr Kapital und weniger Arbeitskräfte freigesetzt, als die arbeitsintensive Gut 1-Industrie bei unveränderten relativen Faktorpreisen verwenden kann. „Knappheit" an Arbeit und „Überfluß" an Kapital, die unter diesen Umständen unvermeidlich sind, werden also den Lohn relativ zum Preis der Kapitalnutzung erhöhen. Dadurch steigt der relative Preis des Gutes 1, in dessen Herstellung die Arbeit dominiert, und es ist somit möglich, das ursprüngliche Güterpreisverhältnis wiederherzustellen.

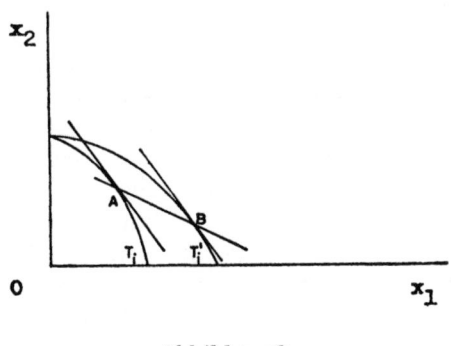

Abbildung 9

Die Produktionslinie hat demnach den in Abb. 9 durch die Kurve AB angegebenen Verlauf. Wenn die Transformationskurve T_i durch T_i' ersetzt wird, wandert der Produktionspunkt bei unverändertem Güterpreisverhältnis von A nach B, so daß die Produktion des Gutes 2 zurückgeht.

---

[21] *Findlay* und *Grubert*, a.a.O.

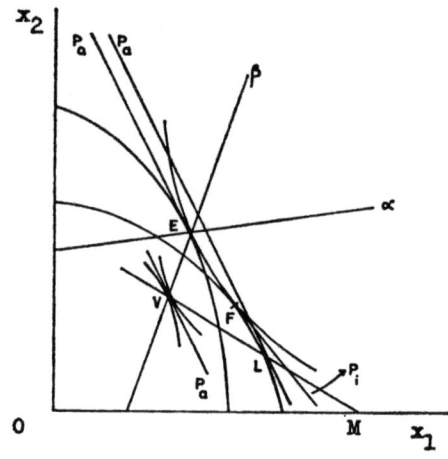

Abbildung 10

Die Wirkungen des neutralen Fortschritts auf die Handelsstruktur können mit Hilfe von Abb. 10 erläutert werden. Hier sind E und F erneut die Produktionspunkte bei Autarkie mit den zugeordneten Preisverhältnissen P_a und P_i. Wird die durch E verlaufende und auf P_a bezogene *Engel*-Kurve durch die Linie α, die zu P_a gehörende Produktionslinie dagegen durch LM bestimmt, so ist eine Verletzung des *Heckscher-Ohlin*-Theorems bei einer Produktionsausdehnung ausgeschlossen, da die Kurven auseinanderstreben. Der komparative Preisvorteil, den Gut 1 im Inland besitzt, könnte sich nur dann in einen komparativen Preisnachteil verwandeln, wenn die Einkommenselastizität für Gut 2 negativ, die *Engel*-Kurve also nach rechts unten geneigt ist, und die Nachfrage nach Gut 1 mithin so stark steigt, daß auch der wachsende Kostenvorteil bei Gut 1 einen Preisnachteil nicht verhindern kann.

Auch wenn die Einkommenselastizität für Gut 1 kleiner als 1 ist (Linie β), tritt der *Leontief*-Fall nicht ein, sofern die Produktion im Inland steigt. Dagegen ist der Inlandspreis des Gutes 1 höher als der Preis im Ausland, wenn sich die Produktion vermindert und die inländische Transformationskurve links unterhalb von V verläuft. Da sich der Kostenvorteil mit schrumpfender Produktion des Gutes 1 verringert, Gut 1 bei kleinem Einkommensniveau jedoch relativ stark verlangt wird, wirkt sowohl die Kosten- als auch die Nachfrageentwicklung auf eine Preiserhöhung dieses Gutes hin.

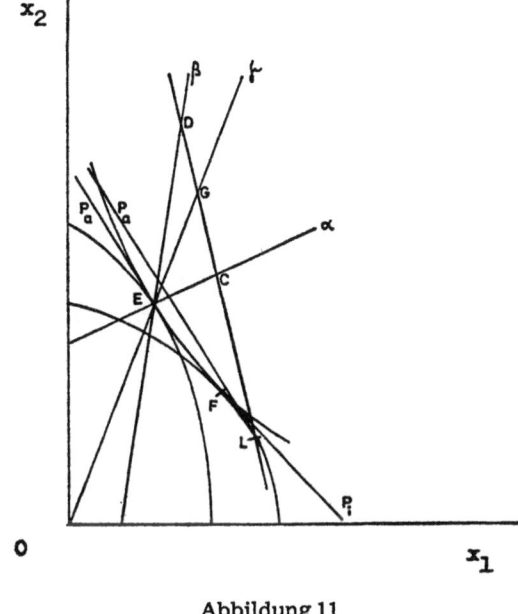

Abbildung 11

In Abb. 11 wird schließlich noch der neutrale Fortschritt in der Industrie des Gutes 2 behandelt. Da nach dem *Findlay-Grubert*-Theorem bei konstanten Güterpreisrelationen die Produktion des Gutes 2 steigt und die des Gutes 1 schrumpft, wird die Produktionslinie in bezug auf P_a durch LCD angegeben. Bei Expansion des Produktionsvolumens ist der *Leontief*-Fall jetzt unvermeidlich, unabhängig davon, ob α, β oder γ die relevante *Engel*-Kurve ist. Verläuft die Transformationskurve rechts von C bzw. rechts von D oder G, so wird das reichlich mit Arbeit versehene Inland sein arbeitsintensives Gut Nr. 1 importieren, denn Linie P_i steigt nunmehr stärker als P_a.

Die ökonomische Begründung ist nicht schwierig: Wenn sich der technische Fortschritt allein auf die Industrie des Gutes 2 konzentriert, wird der Kostenvorteil, den Gut 1 besitzt, vermindert oder gar in einen komparativen Nachteil umgewandelt. Vom Verlauf der *Engel*-Kurven hängt es jetzt ab, wann auch ein Preisnachteil eintritt. Sofern γ die relevante *Engel*-Kurve ist, entspricht der relative Inlandspreis dem relativen Auslandspreis nur dann, wenn die inländische Transformationskurve durch G verläuft. Wie aber durch Schaubild 1 verdeutlicht wird, impliziert eine lineare, durch den Ursprung gehende *Engel*-Kurve nur dann die Übereinstimmung von relativen Inlands- und Auslandspreisen, wenn sich die Transformationskurven in Form und Krümmung gleichen, also keine komparativen Kostenunterschiede bestehen. Daher muß die Transformationskurve durch G ein getreues, nur im Maßstab verschobenes Abbild der ursprünglichen Transformationskurve sein. Gilt jedoch die *Engel*-Kurve α, so ist schon bei einer Expansion bis C die Preisgleichheit erreicht. Zwar weist Gut 1 bei einer Produktionsausdehnung nur bis C noch einen Kostenvorteil auf, doch zeigt der Verlauf der *Engel*-Kurve an, daß die Wirkung des Kostenvorteils auf den Preis durch die Nachfrageentwicklung kompensiert wird. Analoge Überlegungen gelten offenbar für D: Gut 1 ist nun relativ weniger stark begehrt (Einkommenselastizität < 1); das *Heckscher-Ohlin*sche Theorem wird folglich erst dann verletzt, wenn sich die Transformationskurve so weit verschiebt, daß der komparative Kostenvorteil für Gut 1 in einen genügend großen Kostennachteil umschlägt.

Es wäre ohne Schwierigkeiten möglich, die hier erörterten Fälle durch weitere Fortschrittsvarianten zu ergänzen. So wird bei kapitalsparendem Fortschritt in der kapitalintensiven Industrie die Produktionslinie wie in Abb. 11, und bei arbeitssparendem Fortschritt in der arbeitsintensiven Industrie wie in Abb. 10 verlaufen. Wird arbeitssparender Fortschritt jedoch in der kapitalintensiven Industrie verwirklicht (und umgekehrt), so kann die Produktionslinie positives oder negatives Steigungsmaß aufweisen. In allen diesen Fällen lassen sich Konstellationen finden, die den Prognosen des *Heckscher-Ohlin*-Theorems widersprechen.

Die vorhergehenden Erörterungen sollten nicht den Eindruck erwecken, als ob das *Leontief*-Paradox nicht auch durch andere, vielleicht besser geeignete Hypothesen erklärt werden könne. Zwei Deutungsversuche scheinen von besonderer Relevanz zu sein. Zunächst einmal ist es — entgegen Annahme 7 — durchaus auch denkbar, daß Gut 1 (Gut 2) bei einem bestimmten Faktorpreisverhältnis das arbeitsintensive (kapitalintensive) Gut, bei einem anderen Faktorpreisverhältnis jedoch das kapitalintensive (arbeitsintensive) Gut ist. Sind nun die relativen Faktorpreise in den einzelnen Ländern unterschiedlich, derart, daß Gut 1 im Inland arbeitsintensiv, im Ausland dagegen kapitalintensiv ist, so muß das *Heckscher-Ohlin*-Theorem für eines der Länder verletzt sein. Exportiert das arbeitsreiche Inland sein arbeitsintensives Gut Nr. 1, so handelt das kapitalreiche Ausland dem *Heckscher-Ohlin*-Theorem zuwider, da Gut 1 — sein Importgut — im eigenen Land das kapitalintensive Produkt ist[22].

---

[22] Vgl. *Rose*, Die Bedeutung der Faktorausstattung ..., a.a.O., S. 308 ff. und S. 316 f. Dort findet sich auch weitere Literatur zum Problem der umschlagenden Faktorintensitäten.

Vielleicht trägt auch der Hinweis, daß außer dem Kapital- und Arbeitsgehalt der Außenhandelsgüter auch das Vorhandensein natürlicher Hilfsmittel berücksichtigt werden muß, zu einer Lösung des Problems bei. Verschiedene Autoren — wie *Vanek*[23] und *Kravis*[24] — neigen jedenfalls dieser Ansicht zu. Allerdings ist bis heute nicht entschieden, welchem Lösungsvorschlag der Vorzug gebührt. Theoretische Überlegungen, vor allem aber weitere empirische Untersuchungen werden notwendig sein, um den Geltungsbereich des *Heckscher-Ohlin-*Theorems zu überprüfen.

---

[23] J. *Vanek*, The Natural Resource Content of Foreign Trade, 1870—1955, and the Relative Abundance of Natural Resources in the United States. „Review of Economics and Statistics", Bd. 41 (1959).

[24] J. B. *Kravis*, Availability and Other Influences on the Commodity Composition of Trade. „Journal of Political Economy", Bd. 64 (1956).

Der kombinierte Einsatz budget- und zinspolitischer Maßnahmen zur gleichzeitigen Erreichung binnen- und außenwirtschaftlicher Ziele[1]

Von *Hans-Joachim Jarchow*, Göttingen

I.

Schwerwiegende wirtschaftspolitische Probleme ergeben sich im Rahmen der gegenwärtigen, durch grundsätzlich feste Wechselkurse gekennzeichneten internationalen Währungsordnung immer wieder dadurch, daß bei der gleichzeitigen Verfolgung binnen- und außenwirtschaftlicher Aufgaben in bestimmten wirtschaftlichen Situationen Zielkonflikte auftreten. Solche Zielkonflikte sind deshalb so häufig, weil die wichtigsten Bestimmungsgrößen der konjunkturellen Entwicklung im Inland gleichzeitig entscheidende Determinanten der Zahlungsbilanz darstellen und umgekehrt. Aus diesem Grund wird ein Land, das aus Gründen der Beschäftigung eine expansive Geld- und Fiskalpolitik betreibt, damit rechnen müssen, daß die entsprechenden Maßnahmen nicht ohne Konsequenzen für die außenwirtschaftliche Entwicklung bleiben und eine Verschlechterung der Zahlungsbilanz eintritt. Umgekehrt ist zu erwarten, daß sich bei einer antiinflationären und deshalb kontraktiven Politik in der Regel eine Verbesserung der Zahlungsbilanz einstellt.

Die Träger der Wirtschaftspolitik würden in diesen Fällen vor einem Zielkonflikt stehen, wenn die sich als Folge binnenwirtschaftlicher Maßnahmen ergebende Entwicklung der Zahlungsbilanz vermieden werden soll. Da solche Konfliktsituationen — wie z. B. die Erfahrungen des Vereinigten Königreichs, der Bundesrepublik, Frankreichs und der Schweiz zeigen[2] — besonders in den 60iger Jahren zu schwerwiegenden Problemen führten, ist es nur naheliegend, daß in den letzten Jahren

---

[1] Ausgearbeitete Fassung eines vor dem Theoretischen Ausschuß des Vereins für Socialpolitik am 28. Oktober 1967 in Nagold gehaltenen Referats. Anmerkung: Herrn Diplom-Volkswirt Dr. P. *Rühmann* danke ich für die kritische Durchsicht des Manuskripts.

[2] M. *Gilbert* und W. *McClam*, Domestic Implications of the Evolving International Monetary Mechanism. Domestic and External Equilibrium: European Objectives and Policies. „The American Economic Review", LV (1965), Papers and Proceedings, S. 193 ff.

in Wissenschaft und Praxis intensiver nach Wegen gesucht wurde, dem Dilemma zwischen binnen- und außenwirtschaftlichen Erfordernissen zu entgehen. Dabei wurden vor allem zwei Möglichkeiten in Betracht gezogen.

Die eine Möglichkeit besteht in der Einführung frei beweglicher Wechselkurse. In diesem Fall könnte man unabhängig von außenwirtschaftlichen Erfordernissen eine an binnenwirtschaftlichen Zielen orientierte Konjunkturpolitik betreiben, solange man sich auf den Ausgleichsmechanismus frei beweglicher Wechselkurse verlassen kann.

Die zweite Möglichkeit ist genau das Gegenteil von einer mit flexiblen Wechselkursen bezweckten Isolierung der nationalen Wirtschaftspolitik: Eine Alternative zu beweglichen Wechselkursen sieht man nämlich in dem Versuch, die wirtschaftliche Entwicklung bei den einzelnen Handelspartnern durch eine internationale Koordination wirtschaftspolitischer Maßnahmen so aufeinander abzustimmen, daß die Wahrscheinlichkeit größerer Zahlungsbilanzungleichgewichte als Folge eines solchen Gleichschritts verringert wird.

Beide Möglichkeiten sind jedoch nicht frei von größeren Problemen. Der Vorschlag, bewegliche Wechselkurse einzuführen, würde aus einer Reihe von Gründen vor allem auf den Widerstand der verantwortlichen Notenbankfunktionäre stoßen und schon aus diesem Grund kaum realisierbar sein. Eine zahlungsbilanzorientierte internationale Kooperation wäre auf der anderen Seite zwangsläufig mit einer Einschränkung der konjunkturpolitischen Souveränität verbunden und deshalb wegen der Priorität bestimmter binnenwirtschaftlicher Aufgaben, wie der Sicherung der Vollbeschäftigung, nicht immer realisierbar.

Bei diesen Bedenken gegenüber flexiblen Wechselkursen einerseits und der Abneigung gegenüber einem Verzicht auf konjunkturpolitische Souveränität andererseits liegt es nahe, daß man noch nach weiteren Möglichkeiten gesucht hat, mit denen die Problematik der Zielkonflikte einer Lösung näher gebracht werden kann. So wird in letzter Zeit häufiger der kombinierte Einsatz von Geld- und Fiskalpolitik zur gleichzeitigen Erreichung externer und interner Ziele empfohlen[3]. Ein solcher „policy mix" — im Grunde eine Anwendung des Tinbergenschen Prinzips, für zwei Aufgaben mindestens auch zwei Mittel einzusetzen — macht es nach Ansicht seiner Befürworter in Konfliktsituationen nötig, daß die Geldpolitik an den Erfordernissen der Zahlungsbilanz und die Fiskalpolitik an den Erfordernissen der binnenwirtschaftlichen Entwicklung orientiert wird. Dieses erstmalig wohl von

---

[3] W. L. *Smith*, Are There Enough Policy Tools? „The American Economic Review", LV (1965), Papers and Proceedings, S. 213 f.

Mundell[4] theoretisch begründete, aber noch nicht näher präzisierte Postulat hat offenbar in den letzten Jahren auch Eingang in die wirtschaftspolitischen Vorstellungen mancher „offizieller Stellen" gefunden. So wurden den Überschußländern im Jahre 1964 vom Council of Economic Advisers expansiv wirkende monetäre Maßnahmen — kombiniert mit einer kontraktiven Fiskalpolitik — zur Lösung ihrer Zielkonflikte empfohlen[5]. Im gleichen Jahre wurde eine ähnliche Arbeitsteilung zwischen Geld- und Fiskalpolitik von Vertretern der Bank für Internationalen Zahlungsausgleich auf der Tagung der American Economic Association vorgeschlagen[6]. Schließlich spielt ein solcher „policy mix" auch bei den im Jahre 1966 von der OECD veröffentlichten Vorschlägen zur Lösung des sog. Anpassungsproblems eine wesentliche Rolle[7].

Das zunehmende Interesse an den Möglichkeiten dieser Form der Wirtschaftspolitik wollen wir jetzt zum Anlaß nehmen, den kombinierten Einsatz zins- und budgetpolitischer Maßnahmen hinsichtlich der Wirkungen auf binnenwirtschaftliche Entwicklung und Zahlungsbilanz anhand eines vereinfachten Modells zu analysieren. Dabei gehen wir in drei Schritten vor:

Wir beginnen mit der Beschreibung der dem Modell zugrunde liegenden Annahmen (Abschnitt II).

Dann beschäftigen wir uns zunächst mit der Frage, ob und wie die gesamtwirtschaftliche Nachfrage und die Zahlungsbilanz durch eine bestimmte Kombination zins- und budgetpolitischer Mittel in einem gewünschten Sinne beeinflußt werden können (Abschnitt III).

Dabei zeigt sich, daß die wirtschaftspolitischen Aktionsparameter nicht nur in einer ganz bestimmten Richtung, sondern auch in einer innerhalb gewisser Grenzen genau festgelegten Kombination eingesetzt werden müssen, wenn man gleichzeitig eine Erhöhung (bzw. Senkung) der gesamtwirtschaftlichen Nachfrage und des Saldos der Zahlungsbilanz erreichen will.

Im Anschluß an den III. Abschnitt untersuchen wir (Abschnitt IV), welche Implikationen sich aus einer solchen Politik für die Investitionen und damit für das Wachstum einer Volkswirtschaft ergeben.

---

[4] R. A. *Mundell*, The Appropriate Use of Monetary and Fiscal Policy for Internal and External Stability. „Staff Papers", IX (1962), S. 70 ff. — Siehe aber auch schon die Bemerkungen W. *Stützels* (Volkswirtschaftliche Saldenmechanik. Tübingen 1958, S. 163 ff.). — Vgl. auch den neueren Aufsatz von A. O. *Krueger*, The Impact of Alternative Government Policies under Varying Exchange Systems. „The Quarterly Journal of Economics", 79 (1965), S. 195 ff.
[5] Siehe H. G. *Johnson*, „Federal Reserve Bulletin", 50 (1964), S. 1404.
[6] M. *Gilbert* und W. *McClam*, a.a.O., S. 198.
[7] The Balance of Payments Adjustment Process. A Report by Working Party No. 3 of the Economic Policy Committee of the Organisation for Economic Co-Operation and Development. August 1966, S. 19 ff.

Dieser Gesichtspunkt könnte deshalb von Interesse sein, weil verschiedentlich auf die Möglichkeiten hingewiesen wird, daß in bestimmten Situationen bei gleichzeitigem Einsatz zins- und budgetpolitischer Mittel mit einer Beeinträchtigung der Investitionstätigkeit zu rechnen sei[8]. In unserer Untersuchung gelangen wir jedoch zu dem Ergebnis, daß immer eine Kombination zins- und budgetpolitischer Maßnahmen möglich ist, mit der neben der gesamtwirtschaftlichen Nachfrage und der Entwicklung der Zahlungsbilanz auch die Investitionen im gewünschten Sinne gesteuert werden können.

Den Abschluß der Arbeit bildet eine Zusammenfassung der Ergebnisse (V). Hierbei wird auch die Frage angeschnitten, welche wirtschaftspolitischen Probleme die Anwendung der behandelten Mittelkombinationen implizieren könnte.

II.

Im Mittelpunkt unseres Modells stehen die Bestimmungsgleichungen für die gesamtwirtschaftliche Nachfrage, die Zahlungsbilanz und die gesamtwirtschaftlichen Investitionen. Diese Größen sollen durch Einsatz bestimmter wirtschaftspolitischer Mittel beeinflußt werden; sie bilden also die Zielvariablen unseres Systems.

Als Aktionsparameter werden angesehen: Staatsausgaben, Steuer- und Zinssatz[9].

Da der Zinssatz für die Zentralbankpolitik mehr einen Ansatzpunkt als einen Aktionsparameter darstellt[10], impliziert die Wahl des Zinssatzes bestimmte Annahmen über die Effizienz geldpolitischer Maßnahmen. Es wird nämlich unterstellt, daß die Zentralbank mit Hilfe ihres geldpolitischen Instrumentariums (und unter Berücksichtigung der hier nicht näher betrachteten Angebots- und Nachfrageverhältnisse auf dem Geld- und Kapitalmarkt) in der Lage ist, ein bestimmtes, für die „geeignete" Mittelkombination erforderliches Zinsniveau durchzusetzen. Welche Mittelkombination sich dabei zur gleichzeitigen Erreichung

---

[8] *Krueger*, a.a.O., S. 201 f. — *Johnson*, a.a.O., S. 1404. — The Balance of Payments Adjustment Process..., a.a.O., S. 22.

[9] Naheliegend wäre es auch, neben dem Zinssatz den Wechselkurs in die zu analysierende Mittelkombination einzubeziehen. Diese Möglichkeit, die von *Föhl* (Außenwirtschaftliches und binnenwirtschaftliches Gleichgewicht, „Jahrbücher für Sozialwissenschaft", Band 14 (1963), S. 606) genauer untersucht worden ist, kommt hier aber nicht in Betracht, da es uns gerade um die Problematik von Zielkonflikten im Rahmen fester Wechselkurse geht.

[10] In der Regel beeinflußt die Zentralbank das Zinsniveau mittelbar und zwar in erster Linie durch Einwirkung auf das Geldangebot der Geschäftsbanken (z. B. mit der Mindestreservepolitik oder mit den von ihr festgelegten Refinanzierungsbedingungen), zuweilen auch durch Transaktionen mit Nichtbanken (z. B. im Wege von Offenmarktgeschäften auf dem Kapitalmarkt).

binnen- und außenwirtschaftlicher Ziele als geeignet erweist, hängt notwendigerweise entscheidend von den Annahmen über die Bestimmungsgründe der Zielvariablen ab. Die entsprechenden, diesem Modell zugrunde gelegten Hypothesen sind in direkter oder indirekter Form in folgenden Ausgangsgleichungen enthalten:

(1) $\quad C = C(y) \qquad\qquad\qquad 0 < C_y < 1$

(2) $\quad I = I(g, \beta) \qquad\qquad\quad I_g > 0; I_\beta < 0$

(3) $\quad F = \gamma \bar{F}$

(4) $\quad L = L(Y) \qquad\qquad\qquad L_Y < 0$

(5) $\quad K = K(\beta) \qquad\qquad\qquad K_\beta > 0$

(6) $\quad T = \alpha\, t\,(Y)\, Y \qquad\qquad 0 < \alpha\, t_Y\, Y + \alpha\, t < 1$

(7) $\quad T^* = \alpha\, t^*(G)\, G \qquad\quad 0 < \alpha\, t^*_G\, G + \alpha\, t^* < 1$

(8) $\quad y = Y - \alpha\, t(Y)\, Y$

(9) $\quad g = G(Y) - \alpha\, t^*(G(Y))\, G(Y) \qquad G_Y > 0$

(10) $\quad Y = C + I + F + L$

(11) $\quad Z = L + K$

Es gelten folgende Symbole:

$A, B, D, E, H, I, N^*, N, \eta$ = im Text näher erläuterte Abkürzungen
C = Privater Konsum
F = Staatsausgaben für Konsum- und Investitionsgüter (in der Ausgangssituation: $F = \bar{F}$)
G = Gewinne
g = Gewinne nach Abzug der Gewinnsteuern
I = Private Investitionen
K = Nettokapitalimporte
L = Saldo der Leistungsbilanz
T = Nettoabzüge, d. h. direkte und indirekte Steuern ./. Transferzahlungen einschl. Subventionen
T^* = Gewinnsteuern
t = Durchschnittl. Steuersatz (bezogen auf Y) in der Ausgangssituation
t^* = Durchschnittl. Steuersatz (bezogen auf G) in der Ausgangssituation
Y = Nettosozialprodukt zu Marktpreisen
y = Privates verfügbares Einkommen
Z = Saldo der Zahlungsbilanz
α = Niveau von t bzw. t^* (in der Ausgangssituation: $\alpha = 1$)
β = Niveau des Zinssatzes (in der Ausgangssituation: $\beta = 1$)
γ = Niveau der Staatsausgaben (in der Ausgangssituation: $\gamma = 1$)

Gleichung (1) besagt, daß der private Konsum mit steigendem privaten verfügbaren Einkommen zunimmt, die entsprechende Zunahme jedoch nicht über den Einkommenszuwachs hinausgeht. Gleichung (2) beschreibt die privaten Investitionen als zunehmende Funktion der

Gewinne (nach Abzug der Gewinnsteuern) und als abnehmende Funktion des Zinssatzes[11].

Nach Gleichung (3) sollen die Ausgaben des Staates für Güter und Dienstleistungen autonom bestimmt werden.

Wie aus Gleichung (4) hervorgeht, wird angenommen, daß der Saldo der Leistungsbilanz mit steigender wirtschaftlicher Aktivität abnimmt, d. h. Defizite vergrößert und Überschüsse vermindert werden. Dahinter steht die Vorstellung, daß sich die Importe via Einkommenseffekt erhöhen und die Exporttätigkeit u. U. bei inländischer Hochkonjunktur weniger angeregt wird als bei schwacher Binnenkonjunktur[12]. Aus Gleichung (4) wird weiter ersichtlich, daß der Wechselkurs als möglicher Bestimmungsfaktor der Leistungsbilanz unberücksichtigt bleibt und auch Preiseffekte in expliziter Form nicht erfaßt werden. Die hiermit bezweckten Vereinfachungen erscheinen berechtigt, wenn wir bedenken, daß dadurch einerseits das Modell wesentlich handlicher und übersichtlicher wird, zum anderen aber auch — wie folgende Überlegungen zeigen — in seiner Aussagefähigkeit keine entscheidende Einengung erfährt: Der Einfluß von Wechselkursänderungen verliert an Bedeutung, wenn sich die Analyse im Rahmen eines Währungssystems bewegt, das durch grundsätzlich feste Wechselkurse gekennzeichnet ist. Preiseffekte sind implizit in unserem Modell enthalten, wenn man zwischen der Entwicklung der gesamtwirtschaftlichen Nachfrage und den Bewegungen des Preisniveaus eine gleichgerichtete Beziehung unterstellt[13] und ferner davon ausgeht, daß Preissteigerungen

---

[11] Den Zusammenhang zwischen I und β sollte man umfassender interpretieren und in der Größe β nicht nur einen Vergleichsmaßstab für die Wirtschaftlichkeit von Investitionen, sondern auch einen Ausdruck für die von der Zentralbank beeinflußbaren und für die Investitionsentscheidungen relevanten „Finanzierungsbedingungen" sehen.

[12] Die Möglichkeit, daß die Exportaktivität von der konjunkturellen Entwicklung im Inland, d. h. von der gesamtwirtschaftlichen Nachfrage, beeinflußt wird, ist insbesondere von K. W. *Rothschild* („Pull" und „Push" im Export, „Weltwirtschaftliches Archiv", Bd. 97 [1966 II], S. 251 ff.) in Form des von ihm so benannten „Push-Effekts" betont worden. „Der ‚Push-Effekt' besagt, daß Firmen, die sowohl für den Inlands- wie für den Auslandsmarkt arbeiten, den Export bei schwacher Binnenkonjunktur besonders forcieren, ihn bei inländischer Hochkonjunktur jedoch weniger stark betreiben" (a.a.O., S. 260). Das Wirksamwerden dieses Effekts wird von der Deutschen Bundesbank — zumindest teilweise — mit den jüngeren westdeutschen Erfahrungen bestätigt. So findet sich im Geschäftsbericht für das Jahr 1966 (S. 88 f.) der Hinweis, daß „die Abschwächung der inneren Nachfrage ... verstärkte Exportanstrengungen auslöste" und auf diese Weise entscheidend von Mitte 1965 an zur Bildung von Leistungsbilanzüberschüssen beitrug.

[13] Eine solche Hypothese, die explizit in das Modell von *Krueger* (a.a.O., S. 197 f.) eingeht, könnte man durch die empirischen Untersuchungen von A. W. *Phillips* (The Relation Between Unemployment and the Rate of Money Wage Rates in the United Kingdom, 1951-1957, „Economica" XXV (1958), S. 283 ff.) über Zusammenhänge zwischen Beschäftigung und Geldlohnsatz stützen.

(-senkungen) den Saldo der Leistungsbilanz vermindern (erhöhen). Unter diesen Annahmen könnte man die Zahlungsbilanzwirkungen eines durch die Nachfrageentwicklung veränderten Preisniveaus in unser Modell „hineininterpretieren".

Die letzte der in unser Modell eingehenden Verhaltensgleichungen (5) gibt die Bestimmungsfaktoren der Kapitalbewegungen an. Es wird angenommen, daß bei gegebenem Zinsniveau im Ausland allein die Entwicklung des inländischen Zinsniveaus Höhe und Richtung der Kapitalbewegungen bestimmt. Die Wirkungen möglicher Wechselkursänderungen und Devisenrestriktionen auf den Kapitalverkehr bleiben also unberücksichtigt. Solche Einflüsse verlieren auch an Bedeutung, je verläßlicher die Paritäten sind und je mehr sich die Bedingungen der Konvertibilität im internationalen Kapitalverkehr durchsetzen.

Die Gleichungen (6) und (7) sind institutionell bestimmt. Sie geben an, wie sich die „allgemeinen Einkommensteuern" mit dem Volkseinkommen (zu Marktpreisen) und die „speziellen Einkommensteuern", die „Gewinnsteuern", mit der Höhe der Gewinne verändern. Dabei wird angenommen, daß der durchschnittliche Steuersatz t bzw. t^* vom Niveau des Volkseinkommens bzw. der Gewinne abhängig ist. Ferner wird davon ausgegangen, daß die durch Einkommensveränderungen bewirkten induzierten Steueränderungen nicht über den Betrag der Einkommensänderung hinausgehen.

Die Gleichungen (8) und (9) sind Definitionsgleichungen für das verfügbare Einkommen und die Gewinne nach Steuerabzug. In Gleichung (9) wird dabei angenommen, daß die Gewinne eine zunehmende Funktion des Volkseinkommens (zu Marktpreisen) sind.

Ausgangspunkt für die Analyse des Modells sind schließlich die Bestimmungsgleichungen für das Nettosozialprodukt (10) und den Saldo der Zahlungsbilanz[14] (11).

III.

1. Bei der dem Modell zugrunde liegenden Fragestellung geht es zunächst in erster Linie um „qualitative Aussagen". Gefragt ist, in welcher R i c h t u n g die Instrumente der Zins- und Budgetpolitik eingesetzt werden müssen, wenn gleichzeitig der Saldo der Zahlungsbilanz und die gesamtwirtschaftliche Nachfrage erhöht bzw. vermindert werden sollen. Die Antwort auf diese Fragen wird im Rahmen einer komparativ-statischen Analyse versucht, die darauf abzielt, Kombina-

---

[14] Bei der Ermittlung des Zahlungsbilanzsaldos ist aus Gründen der Vereinfachung von unentgeltlichen Übertragungen abgesehen worden.

tionen der Aktionsparameter $d\alpha$, $d\beta$ und $d\gamma$ zu ermitteln, bei denen die Bedingungen $dY > 0$ und $dZ > 0$ bzw. $dY < 0$ und $dZ < 0$ erfüllt sind[15].

Die Bedingungen $dY > 0$, $dZ > 0$ lassen sich aus den Gleichungen

(12) $Y = C(Y - \alpha t(Y) Y) + I(G(Y) - \alpha t^*(G(Y)) G(Y), \beta) + \gamma \bar{F} + L(Y)$

und

(13) $$Z = L(Y) + K(\beta)$$

in einfacher Weise ermitteln, wenn die Gleichung (12) in der allgemeinen Form

(14) $$W(\alpha, \beta, \gamma, Y) = 0$$

geschrieben und hieraus das totale Differential

(15) $$W_\alpha d\alpha + W_\beta d\beta + W_\gamma d\gamma + W_Y dY = 0$$

berechnet wird.

Nach Ermittlung der partiellen Ableitungen W_α, W_β, W_γ und W_Y aus (12) erhalten wir aus Gleichung (15) die Beziehung

(16) $(-C_y tY - I_g t^* G) d\alpha$
$+ I_\beta d\beta$
$+ \bar{F} d\gamma$
$+ [C_y(1 - \alpha t_Y Y - \alpha t) + I_g G_Y(1 - \alpha t_G^* G - \alpha t^*) + L_Y - 1] dY = 0$

Wir setzen zur Abkürzung

(17) $1 - C_y(1 - \alpha t_Y Y - \alpha t) - I_g G_Y(1 - \alpha t_G^* G - \alpha t^*) - L_Y = A$,

und

(18) $C_y t Y + I_g t^* G = B$,

wobei $A > 0$ aus Gründen der Stabilität gefordert wird[16].

Dann folgt aus (16)

(19) $$dY = \frac{-B d\alpha + I_\beta d\beta + \bar{F} d\gamma}{A}$$

---

[15] Führt eine Veränderung von α, β und γ zu einer Situation, bei der $dY > 0$ und $dZ < 0$ oder $dZ > 0$ und $dY < 0$, dann sprechen wir im Rahmen unserer Betrachtungen von einem Zielkonflikt.

[16] Bei $A < 0$ würde eine „Störung" des gesamtwirtschaftlichen Gleichgewichtszustandes einen Revisionsprozeß in der Wirtschaft auslösen, der immer weiter vom Gleichgewicht wegführt.

Soll durch eine entsprechende Mittelkombination verhindert werden, daß das Volkseinkommen bei einer Zinserhöhung ($d\beta > 0$) sinkt bzw. bei einer Zinssenkung ($d\beta < 0$) steigt, dann ergibt sich für den Einsatz der Aktionsparameter auf Grund von (19) folgende Bedingung:

(20) $$\frac{B\,d\alpha - \bar{F}\,d\gamma}{d\beta} \leq I_\beta \qquad \text{(untere Grenze)[17]}$$

Gleichung (20) zeigt, daß eine Expansion der gesamtwirtschaftlichen Nachfrage bei einer Zinserhöhung nur möglich ist, wenn das Budget des öffentlichen Sektors so verändert wird, daß die Bedingung $B d\alpha - \bar{F}d\gamma < 0$ erfüllt ist. Die Zinserhöhung müßte demzufolge bei konstanten Staatsausgaben mit einer Senkung der Steuersätze und bei unveränderten Steuersätzen mit einer Erhöhung der Staatsausgaben verbunden werden.

Für dZ erhalten wir aus (13) in Verbindung mit (19):

(21) $$dZ = + L_Y \frac{-B\,d\alpha + I_\beta\,d\beta + \bar{F}\,d\gamma}{A} + K_\beta\,d\beta$$

bzw.

(22) $$\frac{dZ}{L_Y} = \frac{-B\,d\alpha + I_\beta\,d\beta + \bar{F}\,d\gamma + \frac{K_\beta}{L_Y} A\,d\beta}{A}$$

Aus (22) folgt, daß der Saldo der Zahlungsbilanz bei einer Zinserhöhung größer bzw. bei einer Zinssenkung kleiner wird, wenn die Mittelkombination folgender Bedingung genügt:

(23) $$\frac{B\,d\alpha - \bar{F}\,d\gamma}{d\beta} \geq I_\beta + \frac{K_\beta}{L_Y} A \qquad \text{(obere Grenze)[18]}$$

Gleichung (23) zeigt, daß eine Erhöhung des Saldos der Zahlungsbilanz bei einer Zinserhöhung und Budgetänderung eintreten muß, wenn $B d\alpha - \bar{F}d\gamma \geq 0$, aber auch eintreten kann, wenn $B d\alpha - \bar{F}d\gamma < 0$.

Wie aus Gleichung (20) und (23) schließlich hervorgeht, werden die gesamtwirtschaftliche Nachfrage und der Saldo der Zahlungsbilanz bei

---

[17] Wir sprechen hier von einer unteren Grenze, weil der Kombinationskoeffizient in Gleichung (20) absolut genommen den Wert $|I_\beta|$ nicht unterschreiten darf.

[18] Wir sprechen hier von einer oberen Grenze, weil der absolute Wert des Kombinationskoeffizienten von Gleichung (23) nicht über $\left|I_\beta + \frac{K_\beta}{L_Y}\right|$ hinausgehen darf.

einer Erhöhung des Zinssatzes zunehmen (bzw. konstant bleiben), solange die Bedingung

$$(24) \qquad I_\beta \gtreqless \frac{B\,d\,\alpha - \bar{F}\,d\,\gamma}{d\,\beta} \gtreqless I_\beta + \frac{K_\beta}{L_Y} A$$

erfüllt ist.

Diese Bedingung können wir auch in folgender Weise schreiben:

$$(25) \qquad \frac{B\,d\,\alpha - \bar{F}\,d\,\gamma}{d\,\beta} = I_\beta + \delta \frac{K_\beta}{L_Y} A \qquad ^{19}$$

bzw.

$$(26) \qquad \frac{d\alpha}{d\beta} = \frac{I_\beta + \bar{F}\dfrac{d\gamma}{d\beta} + \delta \dfrac{K_\beta}{L_Y} A}{B},$$

wobei $0 \leq \delta \leq 1$.

Das angestrebte „Zielbündel" ($dY, dZ \gtreqless 0$) kann also nur realisiert werden, wenn zins- und budgetpolitische Maßnahmen so miteinander kombiniert werden, daß sich der Kombinationskoeffizient $\dfrac{B\,d\,\alpha - \bar{F}\,d\,\gamma}{d\,\beta}$ in den durch die Gleichung (25) beschriebenen Grenzen bewegt.

Da bisher nur das Verfahren einer Zinserhöhung (als Bestandteil einer Mittelkombination) untersucht wurde, haben wir als zweite Möglichkeit noch zu prüfen, ob auch im Wege einer Zinssenkung eine gleichzeitige Erhöhung der gesamtwirtschaftlichen Nachfrage und des Saldos der Zahlungsbilanz herbeigeführt werden kann.

---

[19] Gleichung (25) zeigt deutlich, daß das angestrebte Zielbündel ohne Einsatz zinspolitischer Maßnahmen nicht realisiert werden kann. Für $d\beta \to 0$ ergibt sich nämlich bei $B\,d\,\alpha - \bar{F}\,d\,\gamma \lessgtr 0$

$$\lim_{d\beta \to 0} \frac{B\,d\,\alpha - \bar{F}\,d\,\gamma}{d\,\beta} \to \pm\infty .$$

Die Bedingung (25) fordert aber einen endlichen Wert für den Kombinationskoeffizienten.

Daß eine gegenläufige Entwicklung der Zahlungsbilanz und gesamtwirtschaftlichen Nachfrage allein mit Hilfe budgetpolitischer Maßnahmen nicht erreicht werden kann, äußert sich auch darin, daß

$$\frac{Y_\alpha}{Z_\alpha} = \frac{Y_\gamma}{Z_\gamma} \quad \text{(siehe Appendix, (A 1)—(A 10))}.$$

Offenbar führen Veränderungen von α und γ zu einem gleichen „Wirkungsquotienten" von Y und Z.

Aus Gleichung (19) geht hervor, daß bei einer Zinssenkung ($d\beta < 0$) kein Rückgang der gesamtwirtschaftlichen Nachfrage eintritt, wenn

$$(27) \qquad \frac{B\,d\alpha - \overline{F}\,d\gamma}{d\beta} \geq I_\beta$$

erfüllt ist.

Aus Gleichung (22) ergibt sich ferner, daß bei $d\beta < 0$ eine „Verschlechterung" der Zahlungsbilanz ausbleibt, solange die Bedingung

$$(28) \qquad \frac{B\,d\alpha - \overline{F}\,d\gamma}{d\beta} \leq I_\beta + \frac{K_\beta}{L_Y} A$$

eingehalten wird.

Da die Ungleichungen (27) und (28) nicht miteinander vereinbar sind, ist $dY, dZ \geq 0$ bei $d\beta < 0$ nicht möglich. Unter den von uns gemachten Annahmen kann also eine gleichzeitige Expansion der gesamtwirtschaftlichen Nachfrage und eine „Verbesserung" der Zahlungsbilanz[20] niemals mit einer Zinssenkung, sondern nur über eine Zinserhöhung, verbunden mit einer durch die Bedingungen (24) bzw. (25) bzw. (26) festgelegten Budgetpolitik, erreicht werden.

Wie die Bedingung (25), die den Spielraum für den Kombinationskoeffizienten beschreibt, erkennen läßt, kann die erforderliche Budgetpolitik offenbar in verschiedener Weise ausgestaltet werden. Wir wollen drei Möglichkeiten unterscheiden:

1) $d\alpha = d\gamma$

In diesem Fall ist $dY, dZ \geq 0$ möglich, wenn

$$(29) \qquad \frac{d\alpha}{d\beta} = \frac{I_\beta + \delta \frac{K_\beta}{L_Y} A}{B - \overline{F}},$$

wobei $0 \leq \delta \leq 1$.

Bei $tY = \overline{F}$ [21] ist (29) erfüllt, wenn

$$(30) \qquad \frac{d\alpha}{d\beta} = \frac{I_\beta + \delta \frac{K_\beta}{L_Y} A}{-(1 - C_y)\overline{F} + I_g\,t^*\,G},$$

wobei $0 \leq \delta \leq 1$.

---

[20] Als Erklärung führt *Mundell* (a.a.O., S. 76) das von ihm so bezeichnete „Principle of Effective Market Classification" an. Danach sollen die wirtschaftspolitischen Mittel für *die* Ziele eingesetzt werden, auf die sie den relativ größten Einfluß haben. Wie dieses Prinzip in dem von uns betrachteten Fall genauer formuliert und begründet werden kann, wird im Appendix gezeigt ((A 11)—(A 16)).

[21] Diese Annahme bedeutet, daß Staatsausgaben und Steuern um den glei-

In welcher Richtung die budgetpolitischen Instrumente eingesetzt werden müssen, hängt offenbar davon ab, ob

(31) $$I_g \, t^* \, G \gtreqless \bar{F}(1 - C_y) \quad .$$

Im ersten Fall, der um so eher eintritt, je stärker die Investoren auf Veränderungen der Nettogewinne und die Konsumenten auf Veränderungen der verfügbaren Einkommen reagieren, müssen Steuern und Staatsausgaben und damit das Budgetvolumen verkleinert werden. Im zweiten Fall führt der umgekehrte Weg zum Ziel: Steuern und Staatsausgaben und damit das Budgetvolumen müssen erhöht werden.

2) $d\alpha = 0$

In diesem Fall ist $dY, dZ \geqq 0$ möglich, wenn

(32) $$\frac{d\gamma}{d\beta} = \frac{-I_\beta - \delta \dfrac{K_\beta}{L_Y} A}{\bar{F}} \, ,$$

wobei $0 \leqq \delta \leqq 1$.

Werden die Steuersätze nicht geändert, dann lassen sich Zielkonflikte offenbar nur vermeiden, wenn die Zinserhöhung von einer Vergrößerung der Staatsausgaben begleitet ist und der Einsatz dieser Mittel in einer Gleichung (32) entsprechenden Form kombiniert wird.

3) $d\gamma = 0$

In diesem Fall ist $dY, dZ \geqq 0$ nur möglich, wenn

(33) $$\frac{d\alpha}{d\beta} = \frac{I_\beta + \delta \dfrac{K_\beta}{L_Y} A}{B} \, ,$$

wobei $0 \leqq \delta \leqq 1$.

Zielkonflikte lassen sich bei konstanten Staatsausgaben also nur vermeiden, wenn mit dem Zinsniveau das Niveau der Steuersätze entsprechend der Bedingung (33) gesenkt wird.

Wie die beiden zuletzt behandelten Fälle zeigen, kann eine gleichzeitige Zunahme (Abnahme) der gesamtwirtschaftlichen Nachfrage und des Saldos der Zahlungsbilanz erreicht werden, wenn neben einer Erhöhung (Senkung) des Zinssatzes, die in jedem Fall erforderlich ist, die Steuersätze gesenkt (erhöht) oder die Staatsausgaben vermehrt

---

chen Betrag geändert werden. Eine solche Situation ist der Ausgangspunkt für das bekannte *Haavelmo*-Theorem.

(vermindert) werden. Die budgetpolitischen Instrumente müssen also nicht kombiniert, sie können alternativ eingesetzt werden.

2. Unsere bisherigen Betrachtungen haben gezeigt, daß sich Zielkonflikte zwischen binnen- und außenwirtschaftlichen Erfordernissen vermeiden lassen, wenn die Instrumente der Zins- und Budgetpolitik in bestimmter Weise kombiniert werden. Dabei wurde deutlich, daß der zur Durchsetzung der angestrebten Ziele geeignete Kombinationskoeffizient innerhalb eines bestimmten Spielraums[22] fixiert werden kann, der — wie die Bedingungen (24), (25) und (26) erkennen lassen — u. a. von den Parametern K_β und L_Y bestimmt wird[23].

Offenbar wird der Spielraum für den Kombinationskoeffizienten um so kleiner, je schwächer die Zinsreagibilität der Kapitalbewegungen ist. Die „Bandbreite" des Kombinationskoeffizienten verengt sich schließlich zu einem Punkt, wenn die Kapitalbewegungen zinsunabhängig sind ($K_\beta = 0$). In diesem Fall ist eine gleichzeitige Erhöhung der gesamtwirtschaftlichen Nachfrage und des Saldos der Zahlungsbilanz durch eine kombinierte Änderung von Steuersatz, Zinssatz und Staatsausgaben nicht mehr zu erreichen.

Wie die Bandbreite des Kombinationskoeffizienten von der Reaktion der Leistungsbilanz auf Veränderungen des Volkseinkommens beeinflußt wird, hängt u. a. von der Größe des Parameters L_Y selbst ab. Ist $A + L_Y > 0$ (was als Normalfall unterstellt werden kann[24]), dann wird der Spielraum für den geeigneten Kombinationskoeffizienten mit zunehmender Einkommensabhängigkeit der Leistungsbilanz geringer[25]. Bestehen nur ungenaue Vorstellungen über die Größe der relevanten Parameter, dann nimmt das Risiko zu, daß bei Realisierung der Mittelkombination unerwünschte Wirkungen auf Zahlungsbilanz und Volkseinkommen auftreten[26].

wobei $0 \leq \delta \leq 1$.

---

[22] Die Bedingung (24) zeigt, daß der Spielraum für den Kombinationskoeffizienten durch den Ausdruck $N^* = \dfrac{K_\beta}{L_Y} A$ bestimmt wird.

[23] Wie sich der Spielraum des speziellen Kombinationskoeffizienten $\dfrac{d\alpha}{d\beta}$ bei gegebenen $d\beta$ und $d\gamma$ mit alternativen Werten von C_y, I_g usw. ändern kann, wenn am Ausgangsgleichgewicht festgehalten wird, ist im Appendix ((A 17) bis (A 22)) dargestellt.

[24] In diesem Fall wäre die marginale Absorptionsquote (marginale Konsumquote plus „marginale Investitionsquote") kleiner als eins.

[25] Daß der absolute Wert von N^* bei $A + L_Y > 0$ mit steigenden Werten von L_Y abnimmt, wird deutlich, wenn N^* in folgender Form geschrieben wird:

$$N^* = \frac{K_\beta [1 - C_y(1 - \alpha t_Y Y - \alpha t) - I_g G_Y(1 - \alpha t_G^* G - \alpha t^*)]}{L_Y} - K_\beta$$

[26] Das Gleiche gilt nach dem oben Gesagten auch für eine abnehmende Zinselastizität der Kapitalbewegungen.

3. Stand bei unseren bisherigen Betrachtungen die Frage im Vordergrund, wie bestimmte wirtschaftspolitische Mittel zu kombinieren sind, damit Zielkonflikte vermieden werden können, so wollen wir jetzt untersuchen, wie die Zielvariablen, d. h. die gesamtwirtschaftliche Nachfrage und die Zahlungsbilanz, bei *gegebenem* Kombinationskoeffizienten von der Größe der Aktionsparameter abhängen.

Eine Beziehung zwischen gesamtwirtschaftlicher Nachfrage und Zinssatz ergibt sich aus den Gleichungen (19) und (25). Wir erhalten:

$$(34) \qquad dY = -\delta \frac{K_\beta}{L_Y} d\beta ,$$

wobei $0 \leq \delta \leq 1$.

Ein entsprechender Zusammenhang zwischen Zahlungsbilanz und Zinssatz resultiert aus den Gleichungen (21) und (25):

$$(35) \qquad dZ = (1-\delta) K_\beta d\beta ,$$

wobei $0 \leq \delta \leq 1$.

Als Ergebnis erhält man also folgendes: Wird der Zinssatz heraufgesetzt (herabgesetzt) und das Budget bei gegebenem δ in einer den Gleichungen (25) bzw. (26) entsprechenden Weise geändert, dann resultiert aus der kombinierten Durchführung zins- und budgetpolitischer Maßnahmen eine Erhöhung (Senkung) der gesamtwirtschaftlichen Nachfrage und des Saldos der Zahlungsbilanz, die durch die Beziehungen (34) und (35) bestimmt wird. Die gesamtwirtschaftliche Nachfrage und der Saldo der Zahlungsbilanz werden also um so mehr beeinflußt, je stärker die zins- und budgetpolitischen Maßnahmen sind.

Aus den Gleichungen (34) und (35) geht weiter hervor, daß die Wirkung auf die gesamtwirtschaftliche Nachfrage im Vergleich zur Wirkung auf die Zahlungsbilanz um so größer ist, je höhere Werte δ annimmt, d. h. — wie aus der Gleichung (25) hervorgeht — je stärker die budgetpolitischen Instrumente im Vergleich zum Zinssatz eingesetzt werden.

Schließlich wird aus den Gleichungen (34) und (35) auch deutlich, daß die „Dosierung" der Aktionsparameter eindeutig festgelegt ist, wenn eine bestimmte Änderung der Zielvariablen angestrebt wird. Bei vorgegebenen Werten von dY und dZ kann die erforderliche Änderung des Zinssatzes unmittelbar aus (34) und (35) ermittelt werden[27]; der damit

---

[27] Aus (34) und (35) ergeben sich:

$$d\beta = \frac{dZ}{K_\beta} - \frac{dY L_Y}{K_\beta}$$

und

$$\delta = \frac{-dY L_Y}{dZ - dY L_Y}$$

zu kombinierende Einsatz budgetpolitischer Instrumente ist — wie aus der Beziehung (25) ersichtlich wird — durch den aus (34) und (35) berechneten Wert von δ [27] ebenfalls bestimmt.

IV.

1. Mit unseren bisherigen Überlegungen hatten wir untersucht, wie durch eine Kombination zins- und budgetpolitischer Maßnahmen gleichzeitig bestimmte Wirkungen auf den Saldo der Zahlungsbilanz und die gesamtwirtschaftliche Nachfrage erreicht werden können. Wir wollen unsere Fragestellung jetzt erweitern und neben außenwirtschaftlichen und konjunkturellen Erfordernissen auch Notwendigkeiten berücksichtigen, die durch das Wachstumsziel begründet sind.

Diesen Notwendigkeiten tragen wir im Rahmen unseres Modells dadurch Rechnung, daß wir die Ansprüche an die von uns betrachteten wirtschaftspolitischen Mittel erhöhen und nach einer Mittelkombination fragen, die neben einer Vergrößerung (Verminderung) der gesamtwirtschaftlichen Nachfrage und des Saldos der Zahlungsbilanz gleichzeitig auch noch eine Zunahme (Abnahme) der Investitionstätigkeit herbeiführen kann.

2. Naheliegenderweise bildet die Investitionsfunktion den Ausgangspunkt unserer Überlegungen. Wie aus Gleichung (12) hervorgeht, läßt sich die Investitionsfunktion in allgemeiner Form wie folgt schreiben:

(36) $$I = I(Y, \alpha, \beta)$$

Aus (36) ermitteln wir das totale Differential von I und erhalten

(37) $$dI = D\,dY - I_g\,t^*\,G\,d\alpha + I_\beta\,d\beta \, ,$$

wobei

(38) $$D = I_g\,G_Y\,(1 - \alpha\,(t_G^*\,G + t^*)) \, .$$

Der Einfluß von Staatsausgaben, Steuer- und Zinssatz auf die Investitionstätigkeit wird deutlich, wenn wir die Gleichung (37) unter Berücksichtigung von (19) wie folgt umformulieren:

(39) $$dI = D\,\frac{-B\,d\alpha + I_\beta\,d\beta + \overline{F}\,d\gamma}{A} - I_g\,t^*\,G\,d\alpha + I_\beta\,d\beta.$$

Wie die Investitionstätigkeit beeinflußt werden kann, ohne daß die gesamtwirtschaftliche Nachfrage zurückgeht und sich die Zahlungsbilanz verschlechtert, zeigt sich, wenn wir die für dY, $dZ \geq 0$ erforderliche Kombination von $d\alpha$, $d\beta$ und $d\gamma$ berücksichtigen und den Ausdruck

(26) $$\frac{d\alpha}{d\beta} = \frac{I_\beta + \bar{F}\frac{d\gamma}{d\beta} + \delta A \frac{K_\beta}{L_Y}}{B},$$

wobei $0 \leq \delta \leq 1$,
in Gleichung (39) einsetzen. Wir erhalten dann:

(40) $$dI = D \frac{\left(-I_\beta - \bar{F}\frac{d\gamma}{d\beta} - \delta A \frac{K_\beta}{L_Y}\right) d\beta + I_\beta d\beta + \bar{F} d\gamma}{A} +$$

$$+ \frac{-I_g t^* G \left(I_\beta + \bar{F}\frac{d\gamma}{d\beta} + \delta A \frac{K_\beta}{L_Y}\right) d\beta + B I_\beta d\beta}{B}$$

bzw. nach Umformulierung

(41) $$dI = \frac{\delta \frac{K_\beta}{-L_Y}(BD + A I_g t^* G) d\beta}{B} + \frac{\left(I_\beta C_y t Y - I_g t^* G \bar{F} \frac{d\gamma}{d\beta}\right) d\beta}{B}.$$ [28]

---

[28] Gleichung (41) zeigt, daß für $d\beta > 0$ auch bei $\delta \leq 0$ und damit gleichbleibender bzw. zurückgehender gesamtwirtschaftlicher Nachfrage (vgl. Gleichung (34)) eine Erhöhung der Investitionstätigkeit bei $dZ > 0$ (vgl. Gleichung (35)) erreicht werden kann, wenn die Staatsausgaben so herabgesetzt werden, daß der Ausdruck für dI in Gleichung (41) positiv ist.

Wie die folgenden Ableitungen zeigen, müssen dabei gleichzeitig die Steuersätze gesenkt werden:

Bei $d\beta > 0$ tritt eine Erhöhung der Investitionen offenbar nur dann ein, wenn

(a) $$\delta \frac{K_\beta}{-L_Y}(BD + A I_g t^* G) + I_\beta C_y t Y - I_g t^* G \bar{F} \frac{d\gamma}{d\beta} > 0$$

bzw.

(b) $$-I_g t^* G \left(\bar{F}\frac{d\gamma}{d\beta} + A \delta \frac{K_\beta}{L_Y}\right) + \delta \frac{K_\beta}{-L_Y} BD + I_\beta C_y t Y > 0.$$

Die Ungleichung (b) kann offenbar nur erfüllt werden, wenn

(c) $$\bar{F}\frac{d\gamma}{d\beta} + A \delta \frac{K_\beta}{L_Y} < 0$$

Wie aus Gleichung (26) hervorgeht, muß die mit einer Einschränkung der Staatsausgaben verbundene Zinserhöhung dann von einer Steuersenkung begleitet sein.

Daß eine gegenläufige Entwicklung der gesamtwirtschaftlichen Nachfrage und der Investitionstätigkeit mit Hilfe budgetpolitischer Maßnahmen, d. h.

Es zeigt sich, daß eine Zinserhöhung (-senkung) immer eine Zunahme (Abnahme) der Investitionstätigkeit (bei $0 < \delta \leq 1$) herbeiführt, wenn die Bedingung

(42) $$I_\beta C_y t Y - I_g t^* G \overline{F} \frac{d\gamma}{d\beta} \geq 0$$

erfüllt ist.

Diese Bedingung kann offensichtlich niemals erfüllt werden, wenn die Staatsausgaben bei einer Zinserhöhung (-senkung) vermehrt (vermindert) werden. Wie aus Gleichung (41) hervorgeht, sind dann immer Parameterkonstellationen möglich, bei denen eine Anregung (Dämpfung) der Investitionstätigkeit nicht mit Sicherheit herbeigeführt werden kann. Wie Gleichung (41) zeigt, wird ein solcher Fall um so eher eintreten, je stärker die Investitionen und je schwächer die Kapitalbewegungen auf Zinsänderungen reagieren.

Werden die Staatsausgaben dagegen bei einer Zinserhöhung (-senkung) vermindert (vermehrt), dann läßt sich — unabhängig von der Parameterkonstellation — durch entsprechende Dosierung von $d\gamma$ und $d\beta$ erreichen, daß die Bedingung (42) erfüllt wird und damit eine Zunahme (Abnahme) der Investitionen eintritt. Aus (42) in Verbindung mit (41) und (26) erhalten wir dann also folgendes Ergebnis:

Eine Erhöhung der gesamtwirtschaftlichen Nachfrage und der Investitionstätigkeit sowie eine gleichzeitige Verbesserung der Zahlungsbilanz kann — *unabhängig von der Größe der relevanten Parameter* — nur realisiert werden, wenn neben der Erhöhung des Zinsniveaus die Staatsausgaben (entsprechend (42)) reduziert *und*[29] die Steuersätze (entsprechend (26)) herabgesetzt werden. Umgekehrt ist eine Dämpfung der gesamtwirtschaftlichen Nachfrage und der Investitionstätigkeit bei gleichzeitigem Abbau von Zahlungsbilanzüberschüssen — unabhängig von der Größe der Parameter — nur möglich, wenn das Zinsniveau gesenkt, die Staatsausgaben vermehrt *und* die Steuersätze (entsprechend (26)) erhöht werden.

über α und γ, grundsätzlich erreicht werden kann, äußert sich auch darin, daß

$$\frac{Y_\alpha}{I_\alpha} < \frac{Y_\gamma}{I_\gamma}$$

Da γ zu einem größeren Wirkungsquotienten von Y und I führt als α (vgl. Appendix, (A 23)—(A 26)), liegt es nahe, daß der Einsatz von γ an der gewünschten Änderung von Y und der Einsatz von α an der gewünschten Änderung von I orientiert wird.

[29] Sollen die Zielgrößen unabhängig von der Größe der relevanten Parameter realisiert werden, dann ist es (abweichend von den Ergebnissen im Grundmodell) jetzt erforderlich, daß alle drei wirtschaftspolitischen Mittel eingesetzt werden.

Aus Gleichung (41) geht weiter hervor, daß die Investitionstätigkeit bei vorgegebenen Werten für $d\beta$ und δ (und damit festgelegter Zunahme der gesamtwirtschaftlichen Nachfrage dY und des Saldos der (Zahlungsbilanz[30]) um so stärker sein wird, je mehr die Staatsausgaben und damit nach Gleichung (26) auch die Steuersätze in Relation zur Zinserhöhung gesenkt werden. Außerdem wird auch hier deutlich, daß die „Dosierung" der Aktionsparameter eindeutig festgelegt ist, wenn eine bestimmte Änderung der Zielvariablen realisiert werden soll. Bei vorgegebenen Werten von dY, dZ und dI können aus Gleichung (41) in Verbindung mit (26), (34) und (35) die zur Realisierung der Zielgrößen erforderlichen Änderungen von Zinssatz, Steuersatz und Staatsausgaben ermittelt werden.

V.

1. Bevor wir jetzt die Ergebnisse unserer Betrachtungen abschließend zusammenfassen, sollten wir noch auf gewisse Einschränkungen hinweisen, denen unsere Untersuchungen und damit auch der Aussagewert unseres Modells unterliegen. Abgesehen von der Begrenzung, die unsere Darstellung durch die Form der Analyse (komparative Statik[31] im Rahmen einer „kurzen Periode"[32]) und die im II. Abschnitt näher erläuterten Annahmen erfahren könnte, dürfte auch die Formulierung der Zielvariablen dazu führen, daß gewisse Konsequenzen der Mittelkombination, die von Bedeutung sind, nicht deutlich werden. Der Grund liegt in dem hohen Aggregationsgrad der gesamtwirtschaftlichen Nachfrage, der Investitionen und des Saldos der Zahlungsbilanz, der mögliche „Strukturveränderungen" innerhalb dieser Größen verdecken könnte. So ist im Rahmen unseres Modells wohl gezeigt worden, daß das Verhältnis der Investitionszunahme und der Erhöhung der gesamtwirtschaftlichen Nachfrage reguliert werden kann; nicht diskutiert wurde aber z. B., wie der gleichzeitige Einsatz zins- und budgetpolitischer Maßnahmen den Anteil des Außenbeitrags oder der Nachfrage des Staates an der gesamtwirtschaftlichen Nachfrage verändert.

Nicht untersucht wurde ferner, inwieweit der hohe Aggregationsgrad der Zielvariablen dI Strukturverschiebungen, die sich durch den kombinierten Einsatz wirtschaftspolitischer Mittel ergeben könnten, innerhalb der Investitionen verdeckt. Solche Strukturänderungen sind zu erwarten, da die Wirksamkeit der von uns betrachteten Bestimmungs-

---

[30] Siehe die Gleichungen (34) und (35).
[31] Damit bleiben zwangsläufig alle Aspekte unberücksichtigt, die nur bei einer dynamischen Analyse sichtbar werden.
[32] Unsere Analyse stellt insofern eine kurzfristige Betrachtung dar, als die durch die Kapitalbewegungen induzierten Zinszahlungen und die Wirkungen der Investitionen auf die Produktionskapazität unberücksichtigt bleiben.

faktoren der gesamtwirtschaftlichen Investitionsfunktion sicherlich von Wirtschaftszweig zu Wirtschaftszweig unterschiedlich ist.

Schließlich werden auch hinsichtlich der Zahlungsbilanz durch den hohen Aggregationsgrad von dZ wichtige Vorgänge zwischen den verschiedenen Teilbilanzen der Zahlungsbilanz verdeckt, die eng mit der Wirksamkeit der von uns dargestellten Mittelkombination in Verbindung stehen[33]. So werden Zielkonflikte ja gerade dadurch vermieden, daß die bei einer Expansion der gesamtwirtschaftlichen Nachfrage eintretende Verschlechterung der Leistungsbilanz durch zinsinduzierte Kapitalbewegungen kompensiert (oder überkompensiert) wird. Ob aber dieses Verfahren, das an den möglicherweise in der Leistungsbilanz zu suchenden Ursachen von Zahlungsbilanzschwierigkeiten vorbeigehen würde, auch auf längere Sicht angewendet werden sollte, muß bezweifelt werden.

2. Dieser Vorbehalte muß man sich bewußt sein, wenn man jetzt die wichtigsten Ergebnisse der vorgenommenen Analyse in Form einer Zusammenfassung betrachtet: Wie im ersten Teil unseres Modells (III. Abschnitt) gezeigt wird, kann eine gleichzeitige Erhöhung bzw. Verminderung der gesamtwirtschaftlichen Nachfrage und des Saldos der Zahlungsbilanz durch einen kombinierten Einsatz zins- und budgetpolitischer Maßnahmen erreicht werden, wenn die Veränderung des Zinsniveaus an den Erfordernissen der Zahlungsbilanz und die Veränderung der Staatsausgaben und (oder) Besteuerung an den Erfordernissen der konjunkturellen Entwicklung ausgerichtet werden. Dieses Ergebnis ist offenbar darauf zurückzuführen, daß die budgetpolitischen Mittel relativ stärker auf die gesamtwirtschaftliche Nachfrage und der Zinssatz relativ stärker auf die Zahlungsbilanz wirken[34].

Wie aus unseren Ableitungen weiter hervorgeht (vgl. Gleichung (25) und (26)), reicht es jedoch für die Realisierung der angestrebten Ziele nicht aus, daß man die wirtschaftspolitischen Instrumente nur in einer ganz bestimmten Richtung einsetzt. Darüber hinaus müssen zins- und budgetpolitische Mittel in einer innerhalb gewisser Grenzen genau festgelegten Kombination verwendet werden, wenn gleichzeitig die gesamtwirtschaftliche Nachfrage und der Saldo der Zahlungsbilanz erhöht (vermindert) werden sollen. Für die relative Wirkung auf die gesamtwirtschaftliche Nachfrage und die Zahlungsbilanz ist es dabei von wesentlicher Bedeutung, für welche der möglichen Kombinationen man sich innerhalb des wirtschaftspolitischen Spielraums entscheidet.

---

[33] Vgl. hierzu auch: *Krueger*, a.a.O., S. 201. — *Johnson*, a.a.O., S. 1404. — *Smith*, a.a.O., S. 214 f.
[34] Dieser Unterschied in der Wirksamkeit der Aktionsparameter kommt auch darin zum Ausdruck, daß die Wirkungsquotienten von α und γ in Bezug auf Y und Z größer sind als der Wirkungsquotient von β in Bezug auf Y und Z (vgl. S. 45, Fußnote 20, und Appendix, (A 11)—(A 16)).

Im zweiten Teil unseres Modells (IV. Abschnitt) erweitern wir die Fragestellung und berücksichtigen neben außenwirtschaftlichen und konjunkturellen Aspekten auch noch Erfordernisse, die sich aus dem Wachstumsziel ergeben. Dementsprechend fragen wir nach einer Kombination wirtschaftspolitischer Mittel, die neben einer Vergrößerung (Verminderung) der gesamtwirtschaftlichen Nachfrage und des Saldos der Zahlungsbilanz gleichzeitig auch noch eine Zunahme (Abnahme) der Investitionstätigkeit herbeiführen kann. Die für die Realisierung dieses „Zielbündels" geeignete Kombination zins- und budgetpolitischer Maßnahmen wird durch die Beziehung (41) in Verbindung mit Gleichung (26) im einzelnen beschrieben. Es zeigt sich, daß eine Zunahme (Abnahme) der gesamtwirtschaftlichen Nachfrage, des Saldos der Zahlungsbilanz und der Investitionstätigkeit — unabhängig von der Parameterkonstellation — nur erreicht werden kann, wenn neben einer Zinserhöhung (-senkung) gleichzeitig Staatsausgaben *und* Steuern so vermindert (vermehrt) werden, daß die unter (42) und (26) genannten Bedingungen erfüllt sind. Die Veränderung dieser drei Aktionsparameter bestimmt dann auch das absolute Niveau der Veränderung der drei Zielvariablen.

Appendix

1. zu Seite 44, Fußnote 19

Wird das Niveau des (durchschnittlichen) Steuersatzes ceteris paribus (d. h. u. a. bei $d\beta$, $d\gamma = 0$) geändert, dann ergeben sich nach (19) und (21) folgende Wirkungen auf Y und Z:

(A 1) $$Y_\alpha = -\frac{B}{A}$$

(A 2) $$Z_\alpha = \frac{-L_Y B}{A}$$

Wird (A1) durch (A2) dividiert, erhält man:

(A 3) $$\frac{Y_\alpha}{Z_\alpha} = \frac{1}{L_Y}$$

Wird das Niveau der Staatsausgaben ceteris paribus (d. h. u. a. bei $d\alpha$, $d\beta = 0$) geändert, dann ergeben sich nach (19) und (21) folgende Wirkungen auf Y und Z:

(A 4) $$Y_\gamma = \frac{\overline{F}}{A}$$

(A 5) $$Z_\gamma = \frac{L_Y \bar{F}}{A}$$

Nach Division von (A4) durch (A5) ergibt sich

(A 6) $$\frac{Y_\gamma}{Z_\gamma} = \frac{1}{L_Y}$$

Offensichtlich gilt:

(A 7) $$\frac{Y_\alpha}{Z_\alpha} = \frac{Y_\gamma}{Z_\gamma}$$

bzw.

(A 8) $$\frac{Y_\alpha d\alpha}{Y_\gamma d\gamma} = \frac{Z_\alpha d\alpha}{Z_\gamma d\gamma}$$

bzw.

(A 9) $$\frac{Y_\alpha d\alpha + Y_\gamma d\gamma}{Y_\gamma d\gamma} = \frac{Z_\alpha d\alpha + Z_\gamma d\gamma}{Z_\gamma d\gamma}$$

Aus (A9) ergibt sich

(A 10) $$\frac{dY}{Y_\gamma d\gamma} = \frac{dZ}{Z_\gamma d\gamma}$$

Unter der Annahme $Y_\gamma > 0$, $Z_\gamma < 0$ zeigt sich also, daß eine gleichzeitige Erhöhung der gesamtwirtschaftlichen Nachfrage (d. h. $dY > 0$) und Verbesserung der Zahlungsbilanz ($dZ > 0$) durch alleinigen Einsatz von Steuersatz und Staatsausgaben nicht erreicht werden kann, solange diese Aktionsparameter zu einem gleichen Wirkungsquotienten von Y und Z führen.

2. zu Seite 45, Fußnote 20

Es ist zunächst nachzuweisen, daß der Zinssatz relativ stärker auf die Zahlungsbilanz und der Steuersatz (bzw. die Staatsausgaben) relativ stärker auf die gesamtwirtschaftliche Nachfrage einwirken.

Wird das Zinsniveau ceteris paribus geändert, dann ergeben sich nach (19) und (21) folgende Wirkungen auf Y und Z:

(A 11) $$Y_\beta = \frac{I_\beta}{A}$$

(A 12) $$Z_\beta = \frac{L_Y I_\beta + A K_\beta}{A}$$

Wird (A11) durch (A12) dividiert, ergibt sich

(A 13) $$\frac{Y_\beta}{Z_\beta} = \frac{I_\beta}{L_Y I_\beta + A K_\beta}$$

Es zeigt sich, daß

(A 14) $$\left|\frac{Y_\alpha}{Z_\alpha}\right| = \left|\frac{Y_\gamma}{Z_\gamma}\right| > \left|\frac{Y_\beta}{Z_\beta}\right|$$

Wird die Ungleichung

(A 15) $$\frac{Y_\alpha}{Z_\alpha} < \frac{Y_\beta}{Z_\beta}$$

in ähnlicher Weise umformuliert wie (A7), dann ergibt sich sowohl bei $d\alpha < 0$ und $d\beta > 0$ als auch bei $d\alpha > 0$ und $d\beta < 0$

(A 16) $$\frac{dY}{Y_\beta d\beta} < \frac{dZ}{Z_\beta d\beta}$$

Auf Grund der vorliegenden Wirkungsquotienten (siehe A 14)) ist $dY > 0$, $dZ > 0$ demnach nur bei $d\alpha < 0$ und $d\beta > 0$, nicht aber bei $d\alpha > 0$ und $d\beta < 0$ mit der Bedingung (A16) vereinbar.

3. zu Seite 47, Fußnote 23

Für die Bandbreite des in Gleichung (26) formulierten speziellen Kombinationskoeffizienten

(A 17) $$N = \frac{\frac{K_\beta}{L_Y} A}{B} < 0$$

ergeben sich folgende Ableitungen:

(A 18) $$\frac{\partial N}{\partial C_Y} = \frac{K_\beta}{L_Y} \frac{-B(1 - \alpha t_Y Y - \alpha t) - tYA}{B^2} > 0$$

(A 19) $$\frac{\partial N}{\partial I_g} = \frac{K_\beta}{L_Y} \frac{-B G_Y (1 - \alpha t_G^* G - \alpha t^*) - t^* G A}{B^2} > 0$$

(A 20) $$\frac{\partial N}{\partial G_Y} = \frac{K_\beta}{L_Y} \frac{-G_Y(1 - \alpha t_G^* - \alpha t^*)}{B} > 0$$

(A 21) $$\frac{\partial N}{\partial t_Y} = \frac{K_\beta}{L_Y} \frac{C_y \alpha Y}{B} < 0$$

(A 22) $$\frac{\partial N}{\partial t_G^*} = \frac{K_\beta}{L_Y} \frac{I_g G_Y \alpha G}{B} < 0$$

Offenbar wird der absolute Wert von N, d. h. der Spielraum für den in Gleichung (26) formulierten Kombinationskoeffizienten, mit steigenden Werten für C_Y, I_g und G_Y (t_Y und t_G^*) kleiner (größer).

4. zu Seite 50, Fußnote 28

Der Wirkungsquotient der Staatsausgaben hinsichtlich gesamtwirtschaftlicher Nachfrage und Investitionstätigkeit $\left(\frac{Y_\gamma}{I_\gamma}\right)$ ergibt sich wie folgt:

Wird das Niveau der Staatsausgaben ceteris paribus geändert, dann resultiert aus (39)

(A 23) $$I_\gamma = \frac{D\overline{F}}{A}$$

In Verbindung mit (A4) erhält man dann

(A 24) $$\frac{Y_\gamma}{I_\gamma} = \frac{1}{D}$$

In entsprechender Weise ergibt sich

(A 25) $$I_\alpha = \frac{-(BD + A I_g t^* G)}{A}$$

und in Verbindung mit (A1)

(A 26) $$\frac{Y_\alpha}{I_\alpha} = \frac{1}{(D + \frac{A I_g t^* G}{B})}$$

Offensichtlich ist

(A 27) $$\frac{Y_\gamma}{I_\gamma} > \frac{Y_\alpha}{I_\alpha}$$

Wird die Ungleichung (A27) in ähnlicher Weise umformuliert wie (A6), dann folgt sowohl bei $d\alpha > 0$ und $d\gamma > 0$ als auch bei $d\alpha < 0$ und $d\gamma < 0$

(A 28) $$\frac{dY}{Y_\alpha \, d\alpha} < \frac{dI}{I_\alpha \, d\alpha}$$

Offenbar ist eine Anregung der Investitionstätigkeit ($dI > 0$) bei gleichzeitiger Abnahme bzw. Konstanz der gesamtwirtschaftlichen Nachfrage ($dY \leqq 0$) auf Grund der vorliegenden Wirkungsquotienten (siehe (A27)) nur möglich, wenn der Steuersatz gesenkt ($d\alpha < 0$) und die Staatsausgaben vermindert ($d\gamma < 0$) werden.

Über die Anwendung des kreislauftheoretischen Instrumentariums

— Bemerkungen zu einem Kreislaufmodell von H.-J. Jarchow[1] —

Von *Ernst Helmstädter*, Bonn

H.-J. *Jarchow* untersucht die Frage, wie sich wirtschaftspolitische Instrument-Variable in der Weise kombiniert einsetzen lassen, daß die bekannten Zielkonflikte vermieden werden. *Jarchows* Antwort besteht — methodisch gesehen — in der Berechnung von „Kombinationskoeffizienten", die es gestatten, die Änderungsrichtung der endogen zu erklärenden Kreislaufströme in Abhängigkeit von der Änderung von exogenen Instrument-Variablen abzuschätzen.

Im folgenden Diskussionsbeitrag wird *Jarchows* interessantes Modell als *Multiplikator-Modell* (d. h. unter Verwendung linearer Gleichungen) formuliert, um einen methodisch anders gearteten Zugang zu seinem Problem zu beschreiben. Es werden die *Gleichgewichtswerte* der endogenen Variablen in Abhängigkeit von den exogenen Variablen bestimmt, ferner die *Änderung* dieser Gleichgewichtswerte in Abhängigkeit von den Änderungen der exogenen Variablen. Es handelt sich also um eine statische bzw. komparativ-statische Kreislaufanalyse.

Das Problem der Zielkonflikte ist in der üblichen vereinfachenden Darstellung eigentlich das Ergebnis einer allzu partiellen Betrachtungsweise. Wenn man etwa sagt, daß durch eine Zinserhöhung die Preissteigerungen gedämpft und die Investitionen geschwächt werden, und daß deswegen zugleich das Wachstum gebremst wird, so müßte doch erst einmal berücksichtigt werden, daß sich die Preise und die Löhne und der durchschnittliche Steuersatz auch ändern. Wie wirkt sich das auf die Investitionen aus? Was geschieht, wenn außer dem Zins noch andere Instrumentvariable geändert werden?

Die Antwort auf solche Fragen wird man aus entwickelten, d. h. stärker *disaggregierten* Kreislaufmodellen abzuleiten suchen, wie sich das auch schon an *Jarchows* Beitrag zeigt, der gleichwohl das kreislauftheoretische Instrumentarium nur in impliziter Form enthält.

---

[1] H.-J. *Jarchow*, Der kombinierte Einsatz budget- und zinspolitischer Maßnahmen zur gleichzeitigen Erreichung binnen- und außenwirtschaftlicher Ziele, in diesem Band, S. 35 ff.

Unser Diskussionsbeitrag versucht deshalb auch, am Beispiel des relativ umfangreichen Modells von *Jarchow* den Einsatz des kreislauftheoretischen Instrumentariums herauszustellen. Für die weitere Entwicklung der Theorie des Einkommenskreislaufs scheint uns nämlich ein stärker systematisches Vorgehen bei der Verwendung des kreislauftheoretischen Instrumentariums unerläßlich.

1. Das Kreislaufsystem

Ein Kreislaufsystem besteht aus wohldefinierten *Transaktoren* („Kreislaufpole" o. ä.) und *Transaktionen* („Ströme" o. ä.). *Jarchows* Modell[2] enthält die folgenden

Transaktoren

(W)	: Wirtschaft		
(H)	: Private Haushalte		
(U)	: Unternehmungen mit eigener Rechtspersönlichkeit[2]	}	*institutionelle* Transaktoren
(ST)	: Staat		
(AL)	: Ausland		
[EK]	: Einkommenskonto	}	*funktionelle* Transaktoren
[VK]	: Vermögensbildungskonto		

und *Transaktionen*:

Y	:	Volkseinkommen
Y_H	:	Haushaltseinkommen
Q	:	Gewinne[3]
C	:	Konsum
S_H	:	Sparen der Haushalte[4]

---

[2] *Jarchow* spricht nicht ausdrücklich von den in seinem Modell berücksichtigten Transaktoren, insbesondere auch nicht von dem (U)-Transaktor. Aber aus den Transaktionen geht hervor, daß nur der (H)-Transaktor Konsumausgaben tätigt. Bei dem (U)-Transaktor kann es sich demnach nicht um private Unternehmerhaushalte handeln.

[3] D. h. hier: Nicht ausgeschüttete Gewinne bzw. Einkommen der Unternehmungen mit eigener Rechtspersönlichkeit.

[4] Sparströme treten in *Jarchows* Betrachtung nicht explizit auf.

T_H : Steuern der Haushalte[5]
S_U : Sparen der Unternehmungen
T_U : Steuern der Unternehmungen
F : Staatsausgaben (exogen)
S_{ST} : Sparen des Staates
I : Private Investitionen
Z : Saldo der Zahlungsbilanz
K : Kapitalimport
X : Export (exogen)
M : Import

Das Flußdiagramm der Fig. 1 beschreibt dieses Kreislaufsystem.

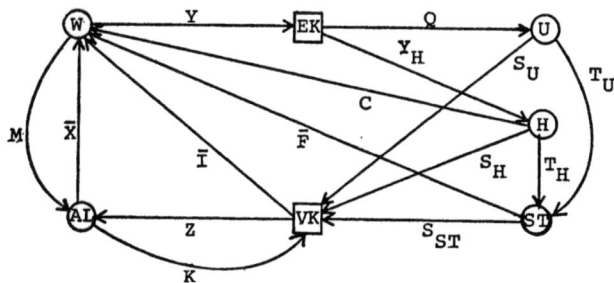

Fig. 1

2. Das Gleichungssystem

Es sind die Gleichgewichtswerte von 13 endogenen Transaktionen zu bestimmen. Hierzu stehen 6 Budgetgleichungen zur Verfügung. Folglich werden 7 weitere Gleichungen, sogenannte Bestimmungsfunktionen benötigt. Das Gleichungssystem umfaßt somit die folgenden 6 *Budgetgleichungen*[6]:

---

[5] Wir berücksichtigen hier nur die Steuern der Haushalte und der Unternehmungen, d. h. also nur *direkte* Steuern. *Jarchow* erwähnt beiläufig auch indirekte Steuern, Einkommenstransfer und Subventionen, ohne darauf im einzelnen einzugehen.
[6] Die Gleichungen schreiben wir in der Form der Definition von Saldenströmen an.

Abzulesen am Transaktor:

(1) $\quad Q \equiv Y - Y_H$ $\quad$ ㊀EK

(2) $\quad S_H \equiv Y_H - C - T_H$ $\quad$ Ⓗ

(3) $\quad S_U \equiv Q - T_U$ $\quad$ Ⓤ

(4) $\quad S_{ST} \equiv T_H + T_U - F$ $\quad$ ㊉ST

(5) $\quad Z \equiv \bar{X} + K - M$ $\quad$ ㊉AL

(6) $\quad Y \equiv C + I + \bar{F} + \bar{X} - M$ $\quad$ Ⓦ

Die Gleichungen (1) — (6) gleichen die betreffenden Transaktoren definitorisch aus. Nach dem *Walras*-Gesetz ist damit auch die Budgetgleichung am ㊉VK -Transaktor

$$I + Z = S_H + S_U + S_{ST} + K$$

erfüllt, da sie linear von den übrigen Budgetgleichungen abhängt.

Wir nehmen die folgenden 7 *linearen Bestimmungsfunktionen* an:

(7) $\quad C = \bar{C} + c(Y_H - T_H)$ $\quad$ | Konsumfunktion

(8) $\quad I = \bar{I} + a(Q - T_U) - b\bar{z}$ $\quad$ | Investitionsfunktion; $\bar{z}$: Zinssatz (exogen)

(9) $\quad M = qY$ $\quad$ | Importfunktion; q: Importquote

(10) $\quad K = \bar{K} + h\bar{z}$ $\quad$ | Kapitalimportfunktion

(11) $\quad T_H = t_H Y_H$ $\quad$ | Steuerfunktionen;

(12) $\quad T_U = t_U Q$ $\quad$ t_H, t_U: Steuersätze

(13) $\quad Y_H = \bar{L} + gY$ $\quad$ | Haushaltseinkommensfunktion[7]

Die Funktionen enthalten die bei *Jarchow* angegebenen Argumente und sind *linear*[8] angesetzt, damit wir eine Multiplikator-Lösung erhalten. Das System der 13 Gleichungen läßt sich durch sukzessive Substitution lösen, da es *dependent* ist. Es ist außerdem *zerlegbar*. Um diese Eigenschaften zu erkennen, schreiben wir das System in Form einer Relationen-Matrix (Fig. 2, S. 63) an. In der Kopfzeile führen wir

---

[7] Diese Bestimmungsgleichung wurde neu in das Modell aufgenommen. Ohne sie (oder eine andere Funktion) hätte das Gleichungssystem einen Freiheitsgrad.

[8] Das ist mit *Jarchows* Darstellung, in der nur die Vorzeichen bestimmter Ableitungen berücksichtigt werden, verträglich.

Anwendung des kreislauftheoretischen Instrumentariums 63

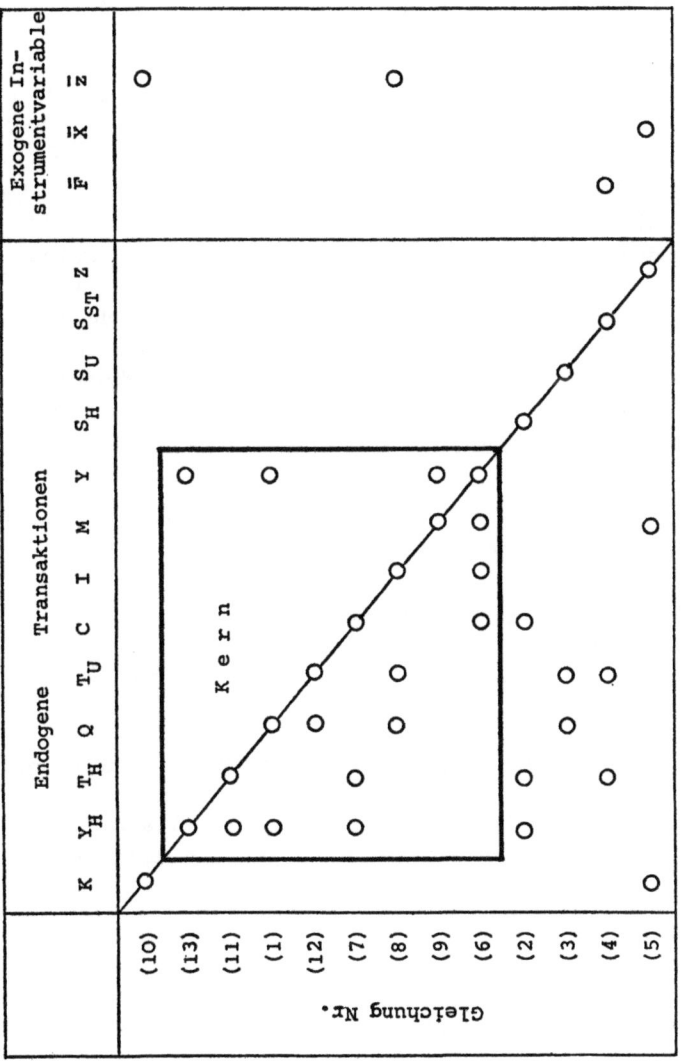

Fig. 2. Relationen-Matrix zu *Jarchows* Modell

die endogenen Variablen und die exogenen Instrumentvariablen[9] an, in der Kopfspalte die Gleichungen in einer bestimmten Reihenfolge. Ein Punkt (0) bedeutet, daß die betreffende Transaktion bzw. Variable in der betreffenden Gleichung vorkommt.

Der Gleichgewichtswert von K ist aus (10) direkt zu bestimmen, da die Gleichung (10) von den übrigen Gleichungen unabhängig ist Das Gleichungssystem zerfällt in zwei independente Teilsysteme: Gleichung (10) und die übrigen Gleichungen auf der anderen Seite. Das letztere Teilsystem zerlegen wir zweckmäßig noch einmal in die durch das eingezeichnete Quadrat zusammengefaßten Gleichungen (Kern) und die Budgetgleichungen (2) — (5).

Die Gleichungen des Kerns lassen sich durch sukzessive Substitution lösen, da dieses unabhängige System triangulär ist. Wir schreiben zunächst Gleichung (6) an und substituieren alle endogenen Variablen so lange, bis in der Gleichung nur Y als endogene Variable übrigbleibt. Dann lösen wir die Gleichung nach Y. Danach sind alle weiteren Variablen des Kerns und anschließend die der Budgetgleichungen (2) bis (5) zu bestimmen.

Für jede endogene Variable erhalten wir als Lösung das Produkt aus einem Multiplikator und aus einer oder mehreren exogenen Variablen.

Wir geben hier nur den Multiplikatorausdruck für den Gleichgewichtswert des Volkseinkommens an:

(14) $\quad Y^* = \dfrac{1}{1 - c(1 - t_H)g - a(1 - t_U)(1 - g) + q}$
$\{\overline{C} + c(1 - t_H) - a(1 - t_U)\overline{L} + \overline{I} - b\overline{z} + \overline{F} + \overline{X}\}$

3. Die Berechnung der Änderung von exogenen Instrumentvariablen

Die *Änderung* des Gleichgewichtseinkommens läßt sich bei Änderung der exogenen Instrumentvariablen F, X und $\overline{z}$ in drei Komponenten zerlegen:

(15) $\quad \Delta Y^*_{\overline{F}} = \Delta Y^*_{\overline{F}} + \Delta Y^*_{\overline{X}} + \Delta Y^*_{\overline{z}}$

Die einzelnen Komponenten berechnen sich aus (14) wie folgt:

(16) $\quad \Delta Y^*_{\overline{F}} = m_{11} \Delta \overline{F}$ mit $m_{11} = \dfrac{1}{1 - c(1 - t_H)g - a(1 - t_U)(1 - g) + q}$

---

[9] Die weiteren exogenen Variablen, die in *Jarchows* Modell nicht als wirtschaftspolitische Instrumente gelten, lassen wir unberücksichtigt.

(17) $\Delta Y^*_{\overline{X}} = m_{12} \Delta \overline{X}$ mit $m_{12} = m_{11}$

(18) $\Delta Y^*_{\overline{z}} = m_{13} \Delta \overline{z}$ mit $m_{13} = -m_{11} b$

Entsprechend lassen sich für die Änderungen der Gleichgewichtswerte z. B. der Zielvariablen Z und Q Zerlegungen vornehmen:

(19) $\Delta Z^* = m_{21} \Delta \overline{F} + m_{22} \Delta \overline{X} + m_{23} \Delta \overline{Z}$

(20) $\Delta Q^* = m_{31} \Delta \overline{F} + m_{32} \Delta \overline{X} + m_{33} \Delta \overline{z}$

Jetzt können wir eine gewünschte Änderung der herausgegriffenen Zielvariablen Y, Z und Q vorgeben und mit Hilfe von (15) — (20) das folgende Gleichungssystem anschreiben:

(21) $$\begin{bmatrix} m_{11} & m_{12} & m_{13} \\ m_{21} & m_{22} & m_{23} \\ m_{31} & m_{32} & m_{33} \end{bmatrix} \times \begin{bmatrix} \Delta \overline{F} \\ \Delta \overline{X} \\ \Delta \overline{z} \end{bmatrix} = \begin{bmatrix} \Delta Y \\ \Delta Z \\ \Delta Q \end{bmatrix}$$

oder kurz

(22) $$B \overline{x} = y$$

Darin ist der $\overline{x}$-Vektor gesucht, der y-Vektor vorgegeben. Existiert die Inverse von B, so ergibt sich für die erforderliche Änderung der exogenen Variablen

(23) $$\overline{x} = B^{-1} y .$$

Man kann auch von den übrigen endogenen Variablen jeweils drei als Zielvariable auffassen, ihre gewünschte Änderung vorgeben und die erforderliche Änderung der exogenen Instrumentvariablen berechnen.

Prinzipiell ist es denkbar, daß die Änderung der jeweils herausgegriffenen drei Zielvariablen in jeder gewünschten Richtung möglich ist. Das bedeutet, daß von vornherein kein Zielkonflikt besteht, etwa zwischen einer gleichzeitigen Anhebung des Volkseinkommens, einer Verminderung eines bestehenden Aktivsaldos der Zahlungsbilanz und einer Senkung des nicht ausgeschütteten Gewinns, wenn man nur die Änderung der drei Instrumentvariablen richtig dosiert.

Es könnte freilich sein, daß die Elemente der B^{-1}-Matrix Zahlenwerte enthalten, die übermäßige Änderungen der exogenen Größen erfordern würden. Darauf ist hier nicht einzugehen.

Eine Bemerkung zur Gestalt des Gleichungssystems (vgl. die Relationenmatrix in Fig. 2) erscheint noch erforderlich. Die Berechnung der Multiplikatoren ist deswegen einfach, weil das System dependent ist. Für ein interdependentes System wäre ein *Matrixmultiplikator* zu berechnen. Sachlich ändert sich hierdurch nichts. In die Koeffizientenmatrix B (Gleichung(21) und (22)) wären dann die betreffenden partiellen Multiplikatoren aus dem Matrixmultiplikator einzusetzen. Die Berechnung der erforderlichen Änderung der exogenen Variablen, die eine gewünschte Änderung der endogenen Variablen herbeiführt, geschieht im übrigen in der gleichen, oben beschriebenen Weise.

4. Zusammenfassung

Wir haben *Jarchows* Modell mit Hilfe rein linearer Bestimmungsfunktionen formuliert und somit eine Multiplikator-Lösung für die endogenen Ströme erhalten. Aus dieser Lösung läßt sich ein neues lineares Gleichungssystem (vgl. (21) bzw. (22)) für die Änderungen eines Teils der Instrument- und Zielvariablen gewinnen, dessen Multiplikator-Lösung die erforderlichen Änderungen der Instrumentvariablen als Produkt aus dem Matrixmultiplikator B^{-1} und den gewünschten Änderungen der Zielvariablen ergibt.

Neben der Formulierung des Modells als Multiplikator-Modell bestand der Zweck unserer Ausführungen darin, das dem Modell zugrundeliegende Kreislaufsystem herauszuarbeiten und generell auch den Einsatz des kreislauftheoretischen Instrumentariums zu erläutern.

Zum Schluß seien einige „Empfehlungen" ausgesprochen, deren Beachtung beim Umgang mit Kreislaufmodellen größeren Umfangs ganz allgemein nützlich erscheint:

1. Definiere stets die n Transaktoren des Kreislaufsystems.
2. Erfasse die höchstens n^2 Transaktionen des Kreislaufsystems vollständig.
3. Schreibe die nach dem *Walras*-Gesetz verfügbaren $(n-1)$ Budgetgleichungen an.
4. Formuliere für die Berechnung der k Unbekannten weitere $(k-n+1)$ Bestimmungsfunktionen.
5. Prüfe das Gleichungssystem auf Zerlegbarkeit anhand einer Relationenmatrix.
6. Verwende nach Möglichkeit zerlegbare Systeme.
7. Verwende zunächst lineare Funktionen, um einfache Multiplikator-Lösungen zu erhalten.

Zur Problematik von Zielkonflikten

— Bemerkungen zu einem Beitrag von E. Helmstädter[1] —

Von *Hans-Joachim Jarchow*, Göttingen

Den Hintergrund meiner von *Helmstädter* angesprochenen Betrachtungen[2] bilden die Schwierigkeiten, die entstehen, wenn gleichzeitig Zahlungsbilanzdefizite abgebaut und die gesamtwirtschaftliche Nachfrage angeregt oder Zahlungsbilanzüberschüsse reduziert und die gesamtwirtschaftliche Nachfrage vermindert werden sollen.

Die bei der Untersuchung dieser Probleme gewählte Methode, nicht ihre Ergebnisse[3] stellen den Bezugspunkt von *Helmstädters* Beitrag dar.

Da das von mir verwandte Verfahren weitgehend aus der spezifischen Fragestellung entstanden ist, erscheint es zweckmäßig, die zur Diskussion anstehenden Punkte in aller Kürze voranzustellen. Behandelt werden in meiner Untersuchung vor allem:

(1) die verschiedentlich erörterten Vorschläge, die oben angedeuteten Zielkonflikte durch einen kombinierten Einsatz zins- und budgetpolitischer Mittel zu vermindern,

(2) die von *Mundell*[4] aufgestellte These, hierbei den Einsatz eines Aktionsparameters an *der* Zielvariablen auszurichten, auf die der relativ stärkste Einfluß ausgeübt wird und schließlich

(3) die von manchen Autoren geäußerten Bedenken, daß mit der Realisierung der empfohlenen Mittelkombination u. U. die Investitionstätigkeit[5] und damit das Wachstumsziel beeinträchtigt werden könne.

---

[1] E. *Helmstädter*, Über die Anwendung des kreislauftheoretischen Instrumentariums — Bemerkungen zu einem Kreislaufmodell von H.-J. Jarchow — vorgelegt zur Sitzung des Theoretischen Ausschusses des Vereins für Socialpolitik am 20. und 21. April 1968 in Mainz.

[2] H.-J. *Jarchow*, Der kombinierte Einsatz zins- und budgetpolitischer Maßnahmen zur gleichzeitigen Erreichung binnen- und außenwirtschaftlicher Ziele, in diesem Band, S. 35 ff.

[3] *Helmstädter* geht es auch nicht um die „materielle Seite" meines Modells; die Absicht seiner Arbeit liegt vielmehr darin, „einen methodisch anders gearteten Zugang" zu den von mir angesprochenen Problemen zu beschreiben (*Helmstädter*, a.a.O., S. 59).

[4] R. A. *Mundell*, The Appropriate Use of Monetary and Fiscal Policy for Internal and External Stability. „Staff Papers", IX (1962), S. 70 f.

[5] Im Fall einer aus Gründen der Zahlungsbilanz erforderlichen Zinserhöhung.

Die theoretische Durchleuchtung von Punkt (1) führt im Rahmen meines Modells zu dem Ergebnis, daß eine „Verbesserung" der Zahlungsbilanz und eine gleichzeitige Erhöhung der gesamtwirtschaftlichen Nachfrage *nur* durch eine Erhöhung des Zinsniveaus, kombiniert mit einer Vergrößerung der Staatsausgaben *oder* Senkung der Steuersätze, *nicht* aber durch eine Senkung des Zinsniveaus und eine Verminderung der Staatsausgaben bzw. Erhöhung der Steuersätze erreicht werden kann. Und umgekehrt: Ein Abbau von Zahlungsbilanzüberschüssen und eine Einschränkung der gesamtwirtschaftlichen Nachfrage kann nur durch eine Zinssenkung, kombiniert mit einer Verminderung der Staatsausgaben bzw. Erhöhung der Steuersätze, erreicht werden[6]. Außerdem wird noch gezeigt, welchen Bedingungen die *„Dosierung"* der Aktionsparameter genügen muß, wenn Zielkonflikte vermieden werden sollen[7].

Da ferner festgestellt wird, daß Staatsausgaben bzw. Steuersatz die gesamtwirtschaftliche Nachfrage — im Vergleich zu den Wirkungen auf die Zahlungsbilanz — stärker beeinflussen als der Zinssatz[8], erfährt die unter Punkt (2) genannte These *Mundells* mit den o. g. Ergebnissen eine Bestätigung.

Die Behandlung von Punkt (3) im Rahmen meines Modells zeigt schließlich, daß eine *Beeinträchtigung* der *Investitionstätigkeit* auch bei einer aus Zahlungsbilanzgründen erforderlichen *Zinserhöhung* nicht einzutreten braucht, wenn neben dem Zinssatz Steuersatz *und* Staatsausgaben eingesetzt und in einer bestimmten Kombination verändert werden[9].

Die Ableitung dieser Ergebnisse ist im wesentlichen das Anliegen meiner Betrachtungen. Dabei liegt das Schwergewicht — abweichend von *Helmstädters* Darstellung — mehr auf „qualitativen" Aussagen, mit denen Hinweise über die *Richtung* der einzuschlagenden Politik gegeben werden wollen (z. B. *Erhöhung* des Zinsniveaus und *Senkung* der Steuersätze). Solche Aussagen sind im Rahmen des behandelten Modells auch ohne spezielle Annahmen über die Größe der verschiedenen Parameter[10] möglich. Sie gelten unabhängig davon, ob Importe kaum oder in hohem Maße einkommensabhängig sind, ob Investitionen und Nettokapitalimporte in bezug auf den Zins elastisch oder un-

---

[6] Außerdem geht aus den Ableitungen hervor, daß ein Abbau von Zahlungsbilanzdefiziten und eine Erhöhung der gesamtwirtschaftlichen Nachfrage bzw. eine Verminderung von Zahlungsbilanzüberschüssen und eine Einschränkung der gesamtwirtschaftlichen Nachfrage über eine Manipulation von Staatsausgaben und Steuersätzen allein nicht möglich ist (*Jarchow*, a.a.O., S. 44, FN 19).
[7] Ebenda, S. 42 ff.
[8] Ebenda, S. 55 f.
[9] Ebenda, S. 51.
[10] Siehe hierzu im einzelnen: *Jarchow*, a.a.O., S. 39 und 41 ff.

elastisch reagieren oder schließlich, ob die marginale Absorptionsquote (marginale Konsumquote plus „marginale Investitionsquote") z. B. einen Wert von 0,1 oder 1 besitzt[11].

Die Begründung der qualitativen Aussagen erfolgt mit Hilfe von Kombinationskoeffizienten[12], die sich unmittelbar aus den Ausgangsgleichungen[13] ergeben. Erst danach werden (gleichsam als Nebenprodukt) Beziehungen abgeleitet[14], aus denen hervorgeht, um welchen *Betrag* man die Aktionsparameter verändern muß, wenn eine vorgegebene (größenmäßige) Änderung der Zielvariablen durchgesetzt werden soll. Auf diese Frage konzentriert sich *Helmstädter* aber von vornherein. Unter Verwendung eines linearen Ansatzes und mit Hilfe einer Relationenmatrix gelangt *Helmstädter* zu den Gleichgewichtswerten der Zielvariablen und liefert hiermit den Ausgangspunkt für seine weiteren Untersuchungen, der — ebenso wie in meinem Modell[15] — in den Bestimmungsgleichungen für die vorgegebene Änderung der Zielvariablen zu sehen ist. Die entsprechenden Relationen werden bei *Helmstädter* in eine Matrixdarstellung überführt, die bei Auflösung die für eine Änderung der Zielvariablen erforderliche Änderung der Aktionsparameter liefert. Auf der Grundlage dieser Ergebnisse würde man dann in *Helmstädters* Darstellung — auf methodisch andere Weise — zu den von mir zu Punkt (1) und (3) gemachten Aussagen gelangen. Über die in meiner Arbeit angesprochenen konkreten Fragen hinausgehend, liefert *Helmstädter* mit seinem Beitrag aber auch einen formalen Apparat, der generell geeignet erscheint, die zur Lösung von Zielkonflikten erforderlichen wirtschaftspolitischen Maßnahmen aufzuzeigen.

---

[11] Qualitative Aussagen, die Hinweise über die *Richtung* der einzuschlagenden Politik geben und damit eine sukzessive Annäherung an bestimmte Ziele erleichtern, gewinnen offenbar immer dann an Wert, wenn hinsichtlich der Größe der Parameter nur ungenaue Vorstellungen bestehen.
[12] Damit wird ein methodisch anderer Weg als bei *Helmstädter* eingeschlagen.
[13] *Jarchow*, a.a.O., S. 42 f., Gleichungen (19) und (21).
[14] *Jarchow*, a.a.O., S. 48 f. und 52.
[15] Den Ausgangsgleichungen (15) und (19) in den „Bemerkungen..." von *Helmstädter* entsprechen z. B. die Ausgangsgleichungen (19) und (21) in meiner Darstellung.

Die Außenhandelsverkettung in einem linearen Zwei-Länder input-output Expansionsmodell[1]

Von *Bruno Fritsch*, Zürich

In einer Verallgemeinerung des *Keynes*schen und *Johnson*schen Exportmultiplikators [1] hat *Minabe* [2] anhand eines dynamischen *Leontief*-Modells gezeigt, wie sich die Einbeziehung der Zwischenprodukte auf den Außensektor einer Volkswirtschaft auswirkt.

Im folgenden wird über diesen Ansatz hinausgegangen und für den Zwei-Länder-Fall gezeigt, welche Abhängigkeit zwischen Ausbringungsniveau, Wachstumsrate und Exporten besteht (*linkage problem*).

I.

Die wichtigsten Elemente des Minabe-Modells

Die gesamte Produktion jedes Landes wird verwendet für Konsum-, Investitions- und Exportgüter sowie für Zwischenprodukte:

(1) $$X_1 = a_{11} X_1 + a_{12} X_2 + C_1 + J_1 + E_1$$

(2) $$X_2 = a_{21} X_1 + a_{22} X_2 + C_2 + J_2 + E_2$$

Die gesamten Importe bestehen aus Zwischenprodukten ($m_i X_i$), Konsumgütern (C_m) und Investitionsgütern (J_m)

(3) $$M = m_1 X_1 + m_2 X_2 + C_m + J_m$$

Es wird Vollbeschäftigung angenommen, das heißt, die verfügbare Menge des Faktors Arbeit ist in den einzelnen Sektoren voll eingesetzt. Das Volkseinkommen ist deshalb:

(4) $$Y = a_{01} X_1 + a_{02} X_2$$

Es verteilt sich auf Konsumgüter, inländische Investitionen und Exporte abzüglich des Imports von Zwischenprodukten:

---

[1] Ich bin Herrn dipl. Math. F. J. *Oertly* für die Überprüfung des Manuskriptes dankbar. Irrtümer und Fehler gehen indessen ausschließlich zu meinen Lasten.

(5) $$Y = \Sigma C_i + \Sigma J_i + C_m + J_m + \Sigma E_i - M$$
$$= \Sigma C_i + \Sigma J_i + \Sigma E_i - \Sigma m_i X_i$$

In diesem Modell verwendet jede Industrie außer dem Produktionsfaktor Arbeit einheimische *und* ausländische Zwischenprodukte. Auch die Konsumausgaben in einem Land verteilen sich auf in- und ausländische Konsumgüter.

Geht man von einer einfachen Konsumfunktion

$$C_i = c_i Y$$

und von einer Investitionsstruktur

$$J_i = \alpha_i J$$

aus und berücksichtigt die Tatsache, daß im Gleichgewicht der Exportüberschuß gleich sein muß den Ersparnissen abzüglich der inländischen Investition, also

(6) $$\Sigma E_i - (\Sigma m_i X_i + C_m + J_m) = S - \Sigma J_i ,$$

dann läßt sich unter Berücksichtigung von (1), (2) sowie der Definition für das Gesamteinkommen (4) schreiben:

(7) $(1 - a_{11} - c_1 a_{01}) X_1 + (- a_{12} - c_1 a_{02}) X_2 = \alpha_1 J + E_1$
(8) $(- a_{21} - c_2 a_{01}) X_1 + (1 - a_{22} - c_2 a_{02}) X_2 = \alpha_2 J + E_2$

in Matrixform:

(9) $$[I - A - g] X = \{\alpha J + E\} ,$$

wobei I die Einheitsmatrix, A die Koeffizientenmatrix $[a_{ij}]$, g eine Matrix $[g_{ij}]$ der $c_i a_{0j}$-Elemente und αJ die Investitionsstruktur ist. Unter der Annahme der Nichtsingularität (Determinante $|I - A - g|$ verschwindet nicht) der $[I - A - g]$-Matrix[2] läßt sich dieser Ausdruck formulieren als

(10) $$X = [I - A - g]^{-1} \{\alpha J + E\}$$
(11) bzw. $Y = a_0 [I - A - g]^{-1} \{\alpha J + E\}$

Für den Expansionsprozeß verwendet *Minabe* den Ansatz:

(12) $X_1 \geqq a_{11} X_1 + a_{12} X_2 + J_{11} + J_{12} + C_1 + E_1 ;$
(13) $X_2 \geqq a_{21} X_1 + a_{22} X_2 + J_{21} + J_{22} + C_2 + E_2 ;$

---

[2] Bedingung dafür ist, daß $1 - (c_m + s) a_{0j} - m_j < 1$ bzw. $(c_m + s) a_{0j} + m_j > 0$. Da in der Regel $a_{0j} > 0$ und c_m, s und m_j alle $\geqq 0$ sind, ist diese Bedingung in ökonomisch relevanten Fällen erfüllt.

Wird K_{ij} als der gesamte Kapitalstock des i-ten Gutes in der j-ten Industrie definiert, so gelten unter Vernachlässigung der Abschreibung folgende Beziehungen:

(14) $$J_{ij}(t) = K_{ij}(t+1) - K_{ij}(t)$$
$$= k_{ij}(X_j(t+1) - X_j(t)) \equiv k_{ij} \Delta X_j$$
$$k_{ij} \equiv \frac{\Delta K_{ij}(t)}{\Delta X_j(t)} = \frac{J_{ij}}{\Delta X_j}$$

k_{ij} ist der Kapitalkoeffizient.

Unter den obigen Annahmen über die Konsumfunktion läßt sich (12) und (13) analog zu (7) und (8) wie folgt formulieren:

(15) $(1 - a_{11} - c_1 a_{01}) X_1 + (- a_{12} - c_1 a_{02}) X_2 \geq k_{11} X_1 + k_{12} X_2 + E_1$

(16) $(- a_{21} - c_2 a_{01}) X_1 + (1 - a_{22} - c_2 a_{02}) X_2 \geq k_{21} X_1 + k_{22} X_2 + E_2$

in Matrixform

(17) $$[I - A - g] X \geq k \Delta X + E$$

Unter der Annahme der Nichtsingularität der $[I - A - g]$-Matrix und der vollständigen Konkurrenz, die die existierenden Ungleichheiten beseitigt, geht dieser Ausdruck über in:

(18) $$X = [I - A - g]^{-1} \{k \Delta X + E\}$$

bzw. für ΔX

(19) $$\Delta X = k^{-1} \{[I - A - g] X - E\}$$

Für wirtschaftspolitische Belange (z. B. in der Entwicklungsplanung) ist es häufig wichtig, die Exporte in Abhängigkeit vom exogen vorgegebenen Wachstum bei gegebenen Kapitalkoeffizienten und Ausgangseinkommen zu erfassen. Zu diesem Zweck multipliziert man den Ausdruck (18) beidseitig von links mit $[I - A - g]$:

$$[I - A - g] X = [I - A - g] [I - A - g]^{-1} \{k \Delta X + E\} .$$

Da $[I - A - g] \cdot [I - A - g]^{-1} = I$ ist, erhalten wir $[I - A - g] X = k \Delta X + E$.

Subtrahieren wir von beiden Seiten $k \Delta X$,

$$- k \Delta X + [I - A - g] X = - k \Delta X + k \Delta X + E ;$$

da jedoch $- k \Delta X + k \Delta X$ ein 0-Vektor ist, folgt für E:

(20) $$- k \Delta X + [I - A - g] X = E .$$

Mit andern Worten: Sind Ausgangseinkommen, Kapitalkoeffizient und ΔX (z. B. zur Kompensation des Bevölkerungswachstums) vorgegeben, dann folgt aus (20) die dazu gehörende gesamte Exportmenge. Dieses Ergebnis hat den Vorteil, daß es im Unterschied zu einem von uns früher entwickelten Ansatz [3] die Interdependenzen zwischen den Exportsektoren eines Landes berücksichtigt.

II.

Das geschlossene Zwei-Länder-System mit Zwischenprodukten läßt sich graphisch wie nebenstehend darstellen.

Die oberen Indizes bezeichnen das Land (1 bzw. 2), die unteren die Produkte (bzw. Zwischenprodukte) der Sektoren 1 und 2. Das System läßt sich unter den oben gemachten Annahmen sowohl nach X^1, X^2 als auch nach Y^1, Y^2 sowie nach E^1 und E^2 lösen. Im stationären Fall ergeben sich folgende Ausdrücke:

(21) $$X^1 = [I - A^1 - g^1]^{-1} \{\alpha J^1 + E^1(X^2)\}$$

(21') $$X^2 = [I - A^2 - g^2]^{-1} \{\alpha J^2 + E^2(X^1)\}$$

Wird $E^1(X^2)$ bzw. $E^2(X^1)$ als linear und αJ^1, αJ^2 als konstant angenommen, folgt nach gliedweiser Differenzierung

(22) $$dX^1 = [I - A^1 - g^1]^{-1} \cdot \{p^1 \cdot dX^2\}$$

und analog für

(22') $$dX^2 = [I - A^2 - g^2]^{-1} \cdot \{p^2 \cdot dX^1\}$$

Für die Einkommen Y^1 und Y^2 folgt unter Berücksichtigung von (4) und (11)

(23) $$Y^1 = a_0^1 [I - A^1 - g^1]^{-1} \{\alpha J^1 + E^1(Y^2)\}$$

(23') $$Y^2 = a_0^2 [I - A^2 - g^2]^{-1} \{\alpha J^2 + E^2(Y^1)\}$$

bzw.

(24) $$dY^1 = a_0^1 [I - A^1 - g^1]^{-1} \{r^1 \, dY^2\}$$

und

(24') $$dY^2 = a_0^2 [I - A^2 - g^2]^{-1} \{r^2 \, dY^1\}$$

Außenhandelsverkettung i. e. linearen Zwei-Länder Expansionsmodell

Land 1

Land 2

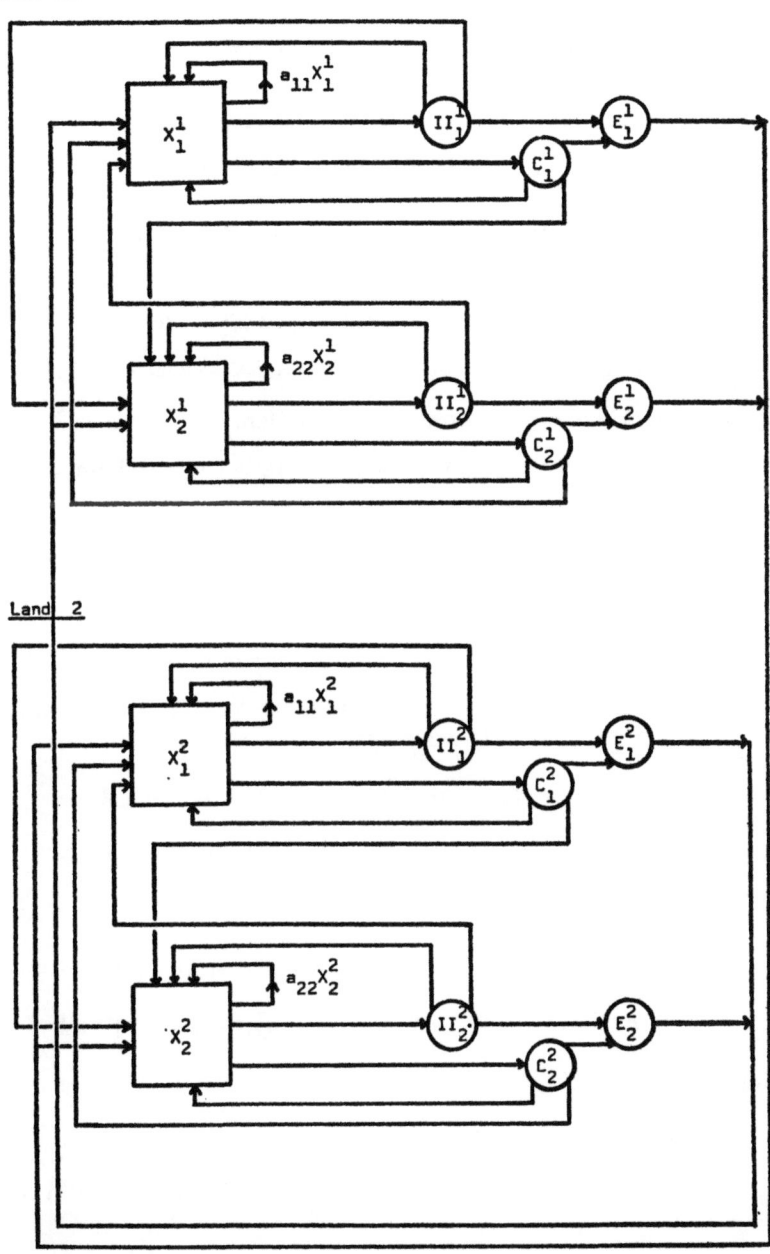

Untersucht man unter Berücksichtigung von (20) die gegenseitige Abhängigkeit der Exporte im Expansionsprozeß der beiden Länder, dann folgt für E^1 bzw. E^2 unter Annahme vorgegebener Ausbringungsniveaus und Wachstumsraten:

(25) $\qquad E^1 = - k \Delta X^1 + [I - A^1 - g^1 X^1] (E^2)$

(25') $\qquad E^2 = - k \Delta X^2 + [I - A^2 - g^2 X^2] (E^1)$

Führen wir eine autonome Verschiebung der Exportfunktionen $= \begin{pmatrix} \lambda \\ -\lambda \end{pmatrix}$ ein[3], so folgt aus dem obigen Ausdruck

(26) $\qquad E^1 + \lambda (e_1 - e_2)^T = [I - A^1 - g^1] X^1 - k \Delta X^1 + \lambda (e_1 - e_2)^T$

(26') $\qquad E^2 + \lambda (e_1 - e_2)^T = [I - A^2 - g^2] X^2 - k \Delta X^2 + \lambda (e_1 - e_2)^T$,

wobe e_1 und e_2 die Einheitsvektoren darstellen.

Als Differential der Exportfunktionen erhalten wir sodann

(27) $\qquad dE^1 + (d \lambda) (e_1 - e_2)^T = [(I - A^1 - g^1) dX^1] - kd \Delta X^1 +$
$\qquad \qquad \qquad \qquad + (d \lambda) (e_1 - e_2)^T - \Delta X^1 dk$

(27') $\qquad dE^2 + (d \lambda) (e_1 - e_2)^T = [(I - A^2 - g^2) dX^2] - kd \Delta X^2 +$
$\qquad \qquad \qquad \qquad + (d \lambda) (e_1 - e_2)^T - \Delta X^2 dk$

Die Ländereinkommen bestimmen sich als Funktion einer autonomen Exportverschiebung (λ) wie folgt:

(28) $\qquad Y^1 = a_0^1 [I - A^1 - g^1]^{-1} \cdot \{k \Delta X^1 + E^1 (Y^2) + \lambda\}$

(28') $\qquad Y^2 = a_0^2 [I - A^2 - g^2]^{-1} \cdot \{k \Delta X^2 + E^2 (Y^1) - \lambda\}$

In Abhängigkeit von $d\lambda$:

(29) $\qquad dY^1 = a_0^1 [I - A^1 - g^1]^{-1} b^1 dY^2 + a_0^1 [I - A^1 - g^1]^{-1} d\lambda$

(29') $\qquad dY^2 = a_0^2 [I - A^2 - g^2]^{-1} b^2 dY^1 - a_0^2 [I - A^2 - g^2]^{-1} d\lambda$

umformuliert:

(30) $\qquad dY^1 = \{1 - a_0^1 [I - A^1 - g^1]^{-1} b^1 a_0^2 [I - A^2 - g^2]^{-1} b^2\}^{-1} \cdot$
$\qquad \qquad \cdot \{a_0^1 [I - A^1 - g^1]^{-1} - a_0^1 [I - A^1 - g^1]^{-1} b^1 a_0^2 [I - A^2 - g^2]^{-1}\} \cdot (d\lambda)$

---

[3] Wobei e_1, e_2 die Einheitsvektoren sind, also $= (1,0) - (0,1) = (1, -1)$ bzw. $(e_1 - e_2)^T = \begin{pmatrix} 1 \\ -1 \end{pmatrix}$, d. h., $\lambda \cdot (e_1 - e_2)^T \equiv \begin{pmatrix} \lambda \\ -\lambda \end{pmatrix}$.

Außenhandelsverkettung i. e. linearen Zwei-Länder Expansionsmodell

(30') $dY^2 = \left\{1 - a_0^2 [I - A^2 - g^2]^{-1} b^2 a_0^1 [I - A^1 - g^1]^{-1} b^1\right\}^{-1} \cdot$

$\cdot \left\{a_0^2 [I - A^2 - g^2]^{-1} - a_0^2 [I - A^2 - g^2]^{-1} b^2 a_0^1 [I - A^1 - g^1]^{-1}\right\} \cdot (d\lambda)$

Dieses auf den Zwei-Länder-Fall beschränkte Modell stellt eine Möglichkeit dar, das *linkage problem* unter Berücksichtigung der input-output-Relationen zu lösen. Lösungen für mehr als zwei Länder bedürfen, auch für den Fall linearer Expansion, komplizierterer Verfahren, die gegenwärtig wegen ihrer großen Bedeutung für internationale Organisationen entwickelt werden. Eine weitere Anpassung an die Wirklichkeit läßt sich durch die Einführung variabler Kapitalkoeffizienten erzielen.

Symbole

Y	=	Einkommen
X_j	=	Produktion der Industrie j
C_i	=	Konsumgut i
J_m	=	Investitionen des i-ten Gutes in der j-ten Industrie
K_{ij}	=	der gesamte Kapitalstock des i-ten Gutes in der j-ten Industrie
M	=	Gesamtimporte
E_i	=	Exportgut i
C_m	=	importierte Konsumgüter
J_i	=	importierte Investitionsgüter
X_0	=	Gesamtmenge des Faktors Arbeit
$m_i X_i$	=	importierte Zwischengüter (m_i = Quantität des importierten Zwischenprodukts, das zur Herstellung einer Einheit des i-ten Gutes verwendet wird)
a_{ij}	=	Quantität des i-ten Gutes der j-ten Industrie, verwendet zur Erzeugung einer Einheit des j-ten Gutes
c_i	=	marginale Konsumneigung bezogen auf das Gut i
α_i	=	marginale Investitionsneigung bezogen auf das Gut i
a_{0j}	=	Arbeitskoeffizient bezogen auf die j-te Industrie
I	=	Einheitsmatrix
A	=	Koeffizientenmatrix a_{ij}
g	=	$c_i a_{0j}$-Matrix
k_{ij}	=	Kapitalkoeffizient für das i-te Gut in der j-ten Industrie
e_1, e_2	=	Einheitsvektoren
$p^1, p^2,\quad r^1, r^2,\quad b^1, b^2$	=	Skalare

Literatur

[1] H. G. *Johnson*, Equilibrium Growth in an International Economy. „The Canadian Journal of Economics", XIX, No. 4 (1953), wiederabgedruckt in: International Trade and Economic Growth, London 1958.

[2] N. *Minabe*, Economic Growth and International Trade in a Simple Dynamic *Leontief* Model. „The Canadian Journal of Economics", XXXII, No. 1 (1966).

[3] B. *Fritsch*, Methoden der makroökonomischen Planung in den Entwicklungsländern. „Schweizerische Zeitschrift für Volkswirtschaft und Statistik", 101. Jg., H. 2 (1965).

Ein Zollparadoxon: Importliberalisierung als Mittel zur Konjunkturbelebung

Von *Egon Sohmen*, Heidelberg

Das hier behandelte Phänomen ist in mehrfacher Hinsicht von Interesse für Nationalökonomen. Es handelt sich um eine Auswirkung wirtschaftspolitischer Maßnahmen, die den gewohnten Ergebnissen diametral entgegengesetzt ist und trotzdem kein Kuriosum von nur theoretischem Interesse in dem Sinne darstellt, daß es nur unter ganz entlegenen und in der realen Welt kaum jemals gegebenen Bedingungen auftreten könnte.

Protektionistische Handelspolitik als Mittel zur Belebung der Konjunktur war unter der überwiegenden Mehrheit der Nationalökonomen nie populär. *Keynes'* wohlwollende Bemerkungen über den Merkantilismus in der *General Theory* (insbesondere Kap. 23) passen nicht so recht in die gewohnte Landschaft. Aber auch er teilte ohne Zweifel die vorherrschende Ansicht, daß genügend andere wirtschaftspolitische Instrumente zur Sicherung der Vollbeschäftigung zur Verfügung stehen, so daß man ohne weiteres auf restriktive Handelspolitik verzichten kann. In der Praxis zeigt sich allerdings, daß zumindest die Geldpolitik bei fixierten Wechselkursen und voller Währungskonvertibilität weitgehend unwirksam bleibt. Aus diesem Grunde haben manche Regierungen auch in neuester Zeit gelegentlich wieder zu Zöllen und Kontingenten ihre Zuflucht genommen, um in Zeiten von Zahlungsbilanzschwierigkeiten der Geldpolitik mehr Spielraum für das Ziel der binnenwirtschaftlichen Stabilisierung zu verschaffen. Sie konnten dabei jedoch selten mit dem Beifall der Nationalökonomen rechnen.

Abgesehen von der Frage, ob man auf sie nicht besser wegen ihrer unerwünschten Auswirkungen auf die Allokation der Ressourcen in der Weltwirtschaft verzichten sollte, ist doch im allgemeinen unbestritten geblieben, daß Kontingente und Zölle auf Importe immer eine belebende Wirkung auf die Konjunktur haben und daß umgekehrt Importliberalisierung konjunkturdämpfend wirkt.

Das von *Metzler* aufgezeigte Paradoxon, wonach Importzölle bei sehr unelastischer reziproker Nachfrage der übrigen Welt und geringer marginaler Importneigung des Inlands zu einer Verringerung statt einer Erhöhung des relativen inländischen Preises der Importe und Importsubstitute führen können (und damit zu einer Schädigung derjenigen Gruppen, aus denen sich sonst die Befürworter einer protektionistischen Handelspolitik rekrutieren), ist in diesem Zusammenhang nicht direkt relevant[1]. *Metzlers* Analyse bezieht sich auf den nur theoretisch denkbaren Grenzfall völliger Preisflexibilität, in dem ständige Vollbeschäftigung ohnehin gesichert wäre und für den daher von vornherein kein Bedarf an staatlicher Konjunkturpolitik bestände.

Die Auswirkungen einer Zollsenkung auf das reale Austauschverhältnis im klassischen Modell sollten uns allerdings auch in bezug auf ihre Konjunkturwirkungen zur Vorsicht mahnen. Bei unverändertem Wert des Leistungsbilanzsaldos würde jede Verschlechterung der terms of trade, wie sie sich tendenziell im Gefolge einer Importliberalisierung ergibt, eine Verminderung des Mengenverhältnisses von Importen zu Exporten bedeuten. Für sich allein würde diese Zunahme des realen Außenbeitrags konjunkturbelebend wirken. Bei fixierten Wechselkursen ist dieser Faktor jedoch in der Regel kaum von Bedeutung. Ausschlaggebend ist dann die Tendenz zur Passivierung des Leistungsbilanzsaldos, die sich aus einer verminderten Diskriminierung von Auslandsgütern ergibt.

Anders liegen die Dinge, wenn die Zentralbank nicht auf den Devisenmärkten interveniert. In diesem Falle ist die Höhe des Leistungsbilanzüberschusses (bzw. -defizits) immer gleich der Höhe der Netto-Kapitalexporte (bzw. -importe). Der Konjunktureffekt, der Veränderungen des Leistungsbilanzsaldos innewohnt, wird dann in erster Linie durch das Verhalten der Kapitalströme bestimmt. Die konjunkturbelebende Wirkung einer Verschlechterung der terms of trade als Folge liberalerer Handelspolitik müßte also durch einen zusätzlichen Kapitalimport überkompensiert werden, damit sich auch bei flexiblen Wechselkursen das gewohnte Ergebnis einer Dämpfung der Konjunktur einstellt. Dies erscheint bereits viel weniger gesichert und erweist sich in der Tat bei genauerer Untersuchung unter den üblichen Annahmen als ausgeschlossen.

Mundell wies bereits 1961 darauf hin, daß die Handelspolitik bei Flexibilität der Wechselkurse eine den gewohnten Ergebnissen genau entgegengesetzte Wirkung auf die Beschäftigung ausübt[2]. Dieser Hinweis ist jedoch nach meiner Kenntnis der Literatur völlig unbeachtet

---

[1] L. A. *Metzler*, Tariffs, the Terms of Trade, and the Distribution of National Income. „Journal of Political Economy", Bd. 57 (1949), S. 1—29, wieder abgedruckt in: R. E. *Caves* und H. G. *Johnson* (Hrsg.), Readings in International Economics, Homewood, Ill., 1968, S. 24—57.

[2] R. A. *Mundell*, Flexible Exchange Rates and Employment Policy. „Canadian Journal of Economics and Political Science", Bd. 27 (1961), S. 509—517, wieder abgedruckt als Kap. 17 der Aufsatzsammlung International Economics des gleichen Autors (New York, 1968).

geblieben. Dies mag u. a. daran liegen, daß *Mundells* Darstellung allzu kurz und seine geometrische Analyse etwas schwer durchschaubar ist. Das von *Mundell* aufgezeigte Phänomen verdient jedoch zweifellos viel stärkere Beachtung. So wurde zur Zeit flexibler Wechselkurse in Kanada während der fünfziger Jahre nicht nur von vielen Interessenten, sondern auch von dem damaligen Leiter der Notenbank eine Zollerhöhung als Mittel zur Konjunkturbelebung propagiert, ohne daß die in diesem Vorschlag enthaltene Auffassung über die konjunkturelle Wirkung einer solchen Politik auf Widerspruch gestoßen wäre. Dies zeigt deutlich, wie wenig einleuchtend die Tatsache ist, daß man damit das genaue Gegenteil des beabsichtigten Beschäftigungseffekts erzielt hätte.

Die folgende Untersuchung stützt sich auf ein Modell, das ich vor einiger Zeit im „Quarterly Journal of Economics" dargestellt habe[3]. Es geht von den üblichen vereinfachenden Annahmen makroökonomischer Modelle aus, insbesondere der Annahme völliger Starrheit der Preise unterhalb der Vollbeschäftigungsgrenze. Es sei unterstellt, daß die betrachtete Volkswirtschaft zu Beginn unterbeschäftigt ist. Ebenso sei angenommen, daß die Preise der Importgüter in Auslandswährung konstant bleiben. Die terms of trade ändern sich in diesem Falle immer genau proportional zur Änderung des Wechselkurses. Diese Annahmen über extreme Preisstarrheit sind selbstverständlich in der realen Welt nicht erfüllt, doch dürfte ihre Lockerung kaum zu einer Umkehrung unserer wichtigsten Schlußfolgerung führen.

Die Zinssätze im Ausland seien als konstant angenommen, so daß die internationalen Kapitalbewegungen als Funktion nur des heimischen Zinssatzes betrachtet werden können. Dasselbe würde auch bei Variabilität der ausländischen Zinssätze folgen, solange sie eine unveränderte Art der Reaktion auf Veränderungen des Inlandszinses zeigen.

Die getroffenen Annahmen lassen sich durch das folgende System von drei Gleichungen in den drei Variablen Y (reales Sozialprodukt), i (Zinssatz) und r (Wechselkurs, definiert als der Preis einer Einheit ausländischer Währung in Inlandswährung) ausdrücken:

(1)
$$Y - A(Y, i, r) - X(r) + M(Y, r) = 0$$
$$X(r) - r M(Y, r) + K(i) = 0$$
$$L(Y, i) \qquad = \mu$$

---

[3] Fiscal and Monetary Policies under Alternative Exchange-Rate Systems. „Quarterly Journal of Economics", Bd. 81 (1967), S. 515—23, mit Ergänzungen wiedergegeben in Kap. V meines Buches Flexible Exchange Rates, 2. Aufl. (Chicago, 1969).

Hierbei bezeichnen die übrigen Symbole die folgenden Variablen:

A ... heimische Absorption in Realeinheiten (Summe von Konsum, Investitionen und Staatsausgaben)
X ... Exportmenge
M ... Importmenge
K ... Netto-Kapitalimporte, gemessen in heimischer Währung
L ... Nachfrage nach Geld
μ ... Geldmenge

Eine Liberalisierung der Handelspolitik kann als eine Verschiebung der Nachfragefunktion für Importe nach oben um dM ausgedrückt werden. In Matrizenschreibweise ist das Differentialsystem der Gleichungen (1) für diesen Fall, wenn wir die Währungseinheiten zur Vereinfachung der Schreibweise so definieren, daß die Preise des Import- wie des Exportgutes ebenso wie der Wechselkurs zu Beginn gleich 1 sind (Subskripte bezeichnen die entsprechenden partiellen Differentialquotienten der einzelnen Funktionen):

$$(2) \quad \begin{bmatrix} (s + M_y) & -A_i & (M_r - X_r - A_r) \\ -M_y & K_i & (X_r - M_r - M) \\ L_y & L_i & 0 \end{bmatrix} \begin{bmatrix} dY \\ di \\ dr \end{bmatrix} = \begin{bmatrix} -dM \\ dM \\ d\mu \end{bmatrix}$$

Das Symbol s bezeichnet den Ausdruck $(1 - A_y)$. Bei der Interpretation dieses Ausdrucks ist zu berücksichtigen, daß die Absorptionsfunktion A alle Komponenten der wirksamen Nachfrage umfaßt, A_y also im allgemeinen nicht einfach gleich der marginalen Konsumneigung, daher auch s nicht gleich der marginalen Sparneigung der Haushalte ist.

Der Wert von A_r kann aufgrund folgender Überlegung approximiert werden. Wir wollen unterstellen, daß der reine Einkommenseffekt einer marginalen Verbesserung der terms of trade dieselbe Wirkung auf die wirksame Nachfrage hat wie eine Änderung des Realeinkommens als Folge einer Erhöhung des realen Sozialprodukts bei konstanten Preisen. M. a. W., die Änderung der wirksamen Nachfrage sei $A_y dE$, wenn dE den Einkommenseffekt bezeichnet. Bei Konstanz aller übrigen Bedingungen läßt sich andererseits der marginale Einkommenseffekt einer Verbesserung der terms of trade (nach den hier getroffenen Annahmen gleich der Aufwertungsrate, $-dr$) approximieren als $dE = -Mdr$ [4]. Wir erhalten somit $A_r = -A_y M$ oder $A_r = (s-1)M$.

---

[4] Es handelt sich hier um den reinen Einkommenseffekt einer Preisänderung nach *Slutsky* und *Hicks*. Die hier getroffene Annahme über den Einkommenseffekt gilt streng genommen nur bei anfänglich ausgeglichener Leistungsbilanz. Vgl. die ausführliche Darstellung bei S. C. *Tsiang*, The Role of Money in Trade-Balance Stability: Synthesis of the Elasticity and Absorption Approaches. „American Economic Review", Bd. 51 (1961), insbes. S. 916—920, mit zusätzlichen Literaturhinweisen.

Importliberalisierung als Mittel zur Konjunkturbelebung

Aus den letzten beiden Ausdrücken ist unmittelbar ersichtlich, daß A_r immer negatives Vorzeichen hat, nach unten aber den Wert $(-M)$ nicht überschreiten kann, solange die „marginale gesamtwirtschaftliche Sparneigung" s zwischen 0 und 1 liegt (zur Interpretation von s vgl. das oben Gesagte).

Die Wirkung einer Wechselkursänderung auf die Leistungsbilanz in Inlandswährung sei als B_r bezeichnet. Der Ausdruck für B_r ergibt sich durch Differenzierung des Ausdrucks für die Leistungsbilanz, $B = X(r) - rM(r)$ (unter Beachtung unserer Annahme, daß der Anfangswert des Wechselkurses infolge entsprechender Definition der Einheiten gleich 1 ist), als $B_r = X_r - M_r - M$. Durch Substitution dieses Ausdrucks und des vorher abgeleiteten Ausdrucks für A_r vereinfacht sich die dritte Spalte der Koeffizientenmatrix in (2) zu

$$\begin{bmatrix} -(sM + B_r) \\ B_r \\ 0 \end{bmatrix}$$

Die Auswirkung einer Liberalisierung der Handelspolitik und der daraus folgenden Verschiebung der Importnachfrage auf die effektive Nachfrage nach dem Inlandsprodukt ergibt sich als

(3) $$\frac{dY}{dM} = -\frac{L_i(M + A_r)}{\Delta}$$

wobei die Determinante des Systems gegeben ist als

(4) $$\Delta = B_r(L_y K_i - L_y A_i - s L_i) + (A_r + M)(L_i M_y + L_y K_i) \,.$$

Durch Einsetzen des oben gefundenen Ausdrucks für A_r vereinfacht sich (3) zu

(3′) $$\frac{dY}{dM} = -\frac{sML_i}{\Delta}$$

Der Zähler des Ausdrucks (3′) ist eindeutig negativ[5]. Der Abbau von Importbeschränkungen wird daher bei flexiblen Wechselkursen eine Belebung der Konjunktur bewirken, wenn die Determinante des Systems, Δ, positiv ist. Untersuchen wir die einzelnen Komponenten der Determinante, so zeigt sich, daß der erste Summand eindeutig positiv ist, sofern B_r positiv ist, solange also eine Abwertung die Leistungs-

---

[5] Wir unterstellen hier und im folgenden die normalen Vorzeichen der einzelnen partiellen Differentialquotienten:
$$s, M_y, K_i, L_y, B_r \geq 0 \,,$$
$$A_i, L_i \leq 0 \,.$$

bilanz verbessert. Dies ist bei Flexibilität der Wechselkurse immer zu erwarten, da der Wechselkurs in diesem Falle nicht in einem unstabilen Bereich zur Ruhe kommen kann.

Hingegen ist das Vorzeichen des zweiten Summanden der Determinante (4) noch unbestimmt. Zwar läßt sich durch Substitution des oben gefundenen Ausdrucks für A_r zeigen, daß der Klammerausdruck $(A_r + M)$ immer positiv ist, denn er reduziert sich zu sM. Dagegen kann der Ausdruck

(5) $$L_i M_y + L_y K_i$$

sowohl positive wie negative Werte annehmen. Damit ist das Vorzeichen des ganzen Ausdrucks (3) bzw. (3′) durch die Vorzeichen der einzelnen partiellen Differentialquotienten (vgl. Fn. 5) nicht eindeutig bestimmbar. Erst aus einer dynamischen Stabilitätsbetrachtung ergibt sich, daß das Vorzeichen von dY/dM immer positiv sein muß.

Bevor wir uns der genaueren Untersuchung dieser Frage zuwenden, sei jedoch noch einiges über den Ausdruck (5) gesagt, der auch in anderer Hinsicht von einigem Interesse ist. Die Rolle des Vorzeichens dieses Ausdrucks wird deutlich, wenn man die Auswirkung einer Erhöhung der inländischen Nachfrage auf den Wechselkurs untersucht. Formal findet man die Antwort durch die Untersuchung der Ableitung von r nach einer Verschiebung der Absorptionsfunktion A nach oben. Totale Ableitung des Gleichungssystems (1) liefert

(6) $$\frac{dr}{dA} = - \frac{L_i M_y + L_y K_i}{\varDelta}$$

Wenn wir das erst später zu beweisende Ergebnis vorwegnehmen, daß das Vorzeichen der Determinante $\varDelta$ positiv sein muß, ergäbe sich bei Positivität des Klammerausdrucks (5), der sich im Zähler des Ausdrucks dr/dA wiederfindet, daß eine Erhöhung der inländischen Nachfrage zu einer *Aufwertungstendenz* für die heimische Währung führt. Hat (5) dagegen negatives Vorzeichen, so würde sich eine Verbilligung der heimischen Währung an den Devisenmärkten ergeben. Wie man dem Ausdruck (6) entnehmen kann, wird eine Aufwertungstendenz um so mehr begünstigt, je höher cet. par. die Zinselastizität der internationalen Kapitalbewegungen ist (je höher also der Differentialquotient K_i ist).

Eine solche Möglichkeit erscheint auf den ersten Blick wenig einleuchtend. Intuitiv würde man vermutlich immer eine Tendenz zur Verschlechterung der Zahlungsbilanz und damit bei flexiblen Kursen eine Abwertung der eigenen Währung erwarten, wenn die Nachfrage im Inland expandiert (etwa als Folge expansiver Finanzpolitik). Es darf jedoch nicht übersehen werden, daß der Verschlechterung der Leistungsbilanz, die in diesem Falle notwendigerweise eintritt, bei konstantem Geldvolumen immer eine Verbesserung der Kapitalbilanz gegenübersteht. Die Nachfrageexpansion führt zu einem erhöhten Transaktionsvolumen und damit bei gegebener Geldmenge zu einer Zinssteigerung, wodurch die Geldanlage im Inland lohnender wird. Bei genügend hoher Zinselastizität der Kapitalströme wird diese Zinserhöhung Kapital aus dem Ausland in so starkem Maße anziehen, daß die Verschlechterung der Leistungsbilanz überkompensiert wird. Eine solche Parameterkonstellation liegt keineswegs außerhalb der realen Möglichkeiten. Wie etwa Rudolf R. *Rhomberg* im Falle Kanadas gezeigt hat, dürften für dieses Land entsprechende Werte gegeben sein[6]. Es ist anzunehmen, daß dasselbe im Falle voller Konvertibilität auch für fast alle anderen hoch entwickelten Länder gilt.

Positivität von (5) ist hinreichend, jedoch nicht notwendig für die Positivität der Determinante (4) und damit für die auf den ersten Blick paradoxe Erscheinung expansiver Wirkung einer liberaleren Handelspolitik. Andererseits sind nach unseren bisherigen Überlegungen aber auch Parameterkonstellationen nicht auszuschließen, durch die der Ausdruck (5) so hohe negative Werte annimmt, daß dadurch auch das Vorzeichen der Determinante ins Negative gewendet wird.

Die notwendige Positivität der Determinante läßt sich jedoch aus einer dynamischen Stabilitätsbetrachtung folgern. Diese Analyse folgt dem zuerst von Samuelson im Zusammenhang mit seinem „Korrespondenzprinzip" zwischen komparativer Statik und dynamischer Stabilität beschriebenen Gang[7]. Es wird unterstellt, daß die Änderungsrate jeder Variablen des Systems ungefähr proportional zum jeweiligen Ungleichgewicht auf den sie bestimmenden Märkten ist und daß für kleine Abweichungen vom Gleichgewicht eine lineare Approximation der Marktgleichungen nach den sie bestimmenden Variablen zulässig ist. Diese Annahmen führen zu dem System von drei linearen Differentialgleichungen.

(7)
$$dY/dt = -k_1((s + M_y)(Y - \bar{Y}) - A_i(i - \bar{\imath}) + (sM + B_r)(r - \bar{r}))$$
$$di/dt = k_2(L_y(Y - \bar{Y}) + L_i(i - \bar{\imath}))$$
$$dr/dt = k_3(M_y(Y - \bar{Y}) - K_i(i - \bar{\imath}) - B_r(r - \bar{r}))$$

Die Symbole k_i bezeichnen die (nach der Wahl der Vorzeichen positiven) Reaktionsgeschwindigkeiten auf den einzelnen Märkten, $\bar{Y}$, $\bar{\imath}$ und $\bar{r}$ die Gleichgewichtswerte der Variablen.

---

[6] R. R. *Rhomberg*, „Journal of Political Economy", Bd. 72 (1964), S. 1—31.
[7] P. A. *Samuelson*, Foundations of Economic Analysis, Cambridge, Mass., 1947, insbes. Kap. IX.

Die Lösung dieses Systems nach den üblichen Verfahren führt zu einer charakteristischen Gleichung in Form eines Polynoms dritter Ordnung, deren konstantes Glied gleich der Determinante Δ, multipliziert mit dem Produkt der Reaktionsgeschwindigkeiten, $-k_1k_2k_3$ ist. Stabilität des Systems im Sinne einer automatischen Tendenz zur asymptotischen Rückkehr zu den Gleichgewichtswerten erfordert, daß alle drei Wurzeln λ_i der charakteristischen Gleichung (die Exponenten der Lösungselemente, alle von der Form $Y(t) - \bar{Y} = a_i e^{\lambda_i t}$ usw.) negativ sind, wobei $\bar{Y}$ wieder den stationären Gleichgewichtswert des Sozialprodukts bezeichnet e die Basis der natürlichen Logarithmen. Notwendig und hinreichend für die Negativität aller Wurzeln sind die für Stabilitätsprobleme dieser Art in den Naturwissenschaften seit langem bekannten Routh-Hurwitz-Bedingungen, deren eine für unseren Fall besagt, daß die Determinante des Systems, Δ, positiv sein muß[8].

Die Frage ist durchaus legitim, ob man für ökonomische Gleichgewichtsmodelle wie dieses unbedingt immer dynamische Stabilität voraussetzen darf. Keine Volkswirtschaft befindet sich jeweils im stationären Gleichgewicht. Falls ein Wirtschaftssystem genügend träge reagiert, könnte es sich rein theoretisch in einem ständigen Zustand dynamischer Instabilität befinden, ohne daß sich dies besonders störend bemerkbar machte. Ein Ungleichgewicht in bezug auf einen bestimmten unstabilen Gleichgewichtszustand könnte unter der Einwirkung einer Vielzahl von Störungsfaktoren laufend in andere Ungleichgewichte in bezug auf ihrerseits wechselnde unstabile Gleichgewichtszustände übergehen. Gerade für den Fall flexibler Wechselkurse ist jedoch die für diese Hypothese notwendige Annahme großer Trägheit des Systems höchst unplausibel. Bei Freizügigkeit des internationalen Zahlungsverkehrs reagieren die Devisenmärkte zumindest für die Währungen der hochentwickelten Industrieländer mit fast unendlicher Anpassungsgeschwindigkeit auf jede Änderung der Marktkonstellation. Die Möglichkeit, daß sich Instabilität des Gleichgewichts nicht sofort äußert (bzw. das System nicht unverzüglich einem stabilen Gleichgewicht zustrebt) ist daher so gut wie ausgeschlossen.

Die Notwendigkeit eines positiven Vorzeichens der Determinante Δ wird noch aus anderen Überlegungen deutlich. Wie man ohne Mühe feststellt, würde ein negatives Vorzeichen bedeuten, daß sowohl die Geld- wie die Finanzpolitik pervers wirkt. Eine Erhöhung der Staatsausgaben etwa würde in diesem Fall zu einer Konjunktur*abschwächung*

---

[8] Eine eingehendere Darstellung der Routh-Hurwitz-Bedingungen gibt *Samuelson* in Foundations of Economic Analysis, Mathematical Appendix, insbes. S. 429 ff.

führen. Dies zeigt sich durch totale Differenzierung des Systems (1) nach A und Auflösung nach

(8) $$\frac{dY}{dA} = -\frac{L_i B_r}{\Delta}$$

(wieder unter der Voraussetzung, ihrerseits auf Stabilitätsüberlegungen begründet, daß $B_r > 0$). Analog verfährt man zur Verifizierung des Vorzeichens von $dY/d\mu$.

Die unkonventionelle Wirkung der Handelspolitik auf die effektive Nachfrage beruht, wie bereits zu Beginn angedeutet, in erster Linie auf der Änderung der terms of trade, die bei freier Beweglichkeit des Wechselkurses auf jede Änderung der Handelspolitik folgt und die bei fixierten Wechselkursen und starren Preisen nicht eintreten könnte. Die durch Liberalisierung der Importe bewirkte Verschlechterung des realen Austauschverhältnisses führt bei unverändertem Wert des Leistungsbilanzsaldos zu einer relativen Zunahme eines vorher bestehenden *realen* Exportüberschusses (bzw. einer Verminderung eines vorher bestehenden realen Importüberschusses).

Gleichzeitig impliziert allerdings eine Verschlechterung der Terms of trade bei gegebenem physischen Produktionsvolumen auch eine Minderung des Realeinkommens einer Volkswirtschaft, die ihrerseits wieder eine Abnahme der inländischen Nachfrage aus einem gegebenen realen Produktionsvolumen zur Folge hat. Wie die formale Analyse jedoch zeigte, reicht dieser Effekt nicht aus, um die Wirkung der Verschlechterung der realen Leistungsbilanz zu kompensieren.

Die expansive Wirkung des Terms-of-trade-Effekts auf die Beschäftigung wird außerdem noch durch die induzierten Kapitalbewegungen abgeschwächt. Infolge der Zinserhöhung, die bei konstantem Geldvolumen durch die Konjunkturbelebung eintritt, werden Kapitalimporte begünstigt (bzw. ein vorher bestehender Netto-Kapitalexport abgeschwächt). Bei Nichtintervention der Zentralbank auf den Devisenmärkten setzt sich jede Änderung des Kapitalbilanzsaldos sofort in eine Änderung des Leistungsbilanzsaldos um. In unserem Fall bedeutet dies eine Minderung eines ohne diesen Faktor bestehenden Exportüberschusses (bzw. eine Steigerung eines Defizits der Leistungsbilanz) und damit eine Konjunkturdämpfung. Auch dieser Teileffekt kann selbstverständlich die konjunkturbelebende Wirkung einer Importliberalisierung niemals ins Gegenteil verkehren, denn er beruht auf einer Zinssteigerung im Inland, die ihrerseits wieder eine Konjunkturbelebung voraussetzt.

An dieser Stelle sei auch noch die Möglichkeit vermerkt, daß eine Zollsenkung nicht nur das Importvolumen erhöht, sondern auch die marginale Importneigung. Wie aus dem Ausdruck (4) sofort ersichtlich ist, verringert dieser Effekt den absoluten Wert der Determinante und erhöht damit die Multiplikatorwirkung einer Änderung der Handelspolitik. Eine Umkehrung des Vorzeichens der Determinante ist selbstverständlich durch die Stabilitätsbedingung ausgeschlossen.

Die Analyse der Handelspolitik bei flexiblen Wechselkursen ist nur ein Spezialfall des sogenannten „*Laursen-Metzler*-Effekts", nach dem bei flexiblen Wechselkursen eine Konjunktur*abschwächung* im Ausland eine Konjunktur*belebung* im Inland nach sich zieht und umgekehrt[9]. Der für dY/dM gefundene Ausdruck ist identisch mit dem Ausdruck für die Konjunkturwirkung einer Verringerung der Exportnachfrage (wie sie eine Konjunkturabschwächung im Ausland bewirken würde), $-dY/dX$. Auch in diesem Falle würde eine belebende Wirkung auf die Inlandskonjunktur eintreten.

Unsere Ceteris-paribus-Annahmen schlossen Konstanz des Geldvolumens ein. „Unveränderte Geldpolitik" könnte alternativ als Konstanz der heimischen Zinssätze definiert werden (wobei der Geldumlauf durch die Notenbank entsprechend angepaßt werden müßte). Unsere qualitativen Schlußfolgerungen würden durch diese Änderung der Definition der Geldpolitik unverändert bleiben und würden quantitativ sogar noch verstärkt. Die Änderungen, die sich aus der Induzierten Anpassung des Zinssatzes bei konstantem Geldvolumen ergaben, brachten nur eine Abschwächung der Konjunkturwirkung, die ansonsten eingetreten wäre.

Es wird gelegentlich die Ansicht vertreten, daß die Wahl zwischen fixierten und flexiblen Wechselkursen im Grunde kein allzu bedeutendes Problem sei, denn es sei an sich unerheblich, ob man den Zahlungsbilanzausgleich durch Anpassung des Wechselkurses oder durch Änderung des Preisniveaus (bei fixierten Kursen) herbeiführt. Dieser Ansicht ist insoweit zuzustimmen, als bei vollkommener Preisflexibilität der Zahlungsbilanzausgleich auch bei fixierten Kursen ebenso reibungslos funktionieren würde wie bei freier Kursbildung ohne Zentralbankinterventionen auf dem Devisenmarkt. Die Analogie gilt allerdings nur für diesen Extremfall, dessen Unrealismus genügend offenkundig sein dürfte. Es ist bemerkenswert, daß die Ablehnung flexibler Wechselkurse fast nie mit der Forderung nach einer entsprechenden Verstärkung der Preisflexibilität verbunden wird. In marktwirtschaftlich organisierten Volkswirtschaften wäre eine durchgreifende Verschärfung der Kartellpolitik das einzige Mittel, um größere Preisflexibilität zu erreichen. Solange dies nicht geschieht, ist die Wahl

---

[9] S. *Laursen* und L. A. *Metzler*, Flexible Exchange Rates and the Theory of Employment. „Review of Economics and Statistics", Bd. 32 (1950), S. 281—99.

zwischen verschiedenen Wechselkurssystemen offensichtlich eine Entscheidung von sehr viel größerer Bedeutung. Dies könnte kaum deutlicher illustriert werden als durch die Tatsache, daß bestimmte Vorgänge, wie hier dargelegt, nicht nur quantitativ, sondern auch qualitativ unterschiedliche Wirkungen auf die Bestimmungsfaktoren des Sozialprodukts und der Beschäftigung ausüben. Die Wahl des Wechselkurssystems sollte daher nicht nur unter dem Aspekt des Zahlungsbilanzausgleichs gesehen werden.

Printed by Libri Plureos GmbH
in Hamburg, Germany